el DIARIO de PAPÁ

RON ROSE

EDITORIAL Vida

DEDICADOS A LA EXCELENCIA

La misión de Editorial Vida es proporcionar los recursos necesarios a fin de alcanzar a las personas para Jesucristo y ayudarlas a crecer en su fe.

ISBN 0-8297-0462-0
Categoría: Familia/Padres

Este libro fue publicado en inglés
con el título *Dad's Diary*
por Howard Publishing Co.

© 1994 por Howard Publishing Co. Inc.

Traducido por Andrés Carrodeguas

Edición en idioma español
© 1996 EDITORIAL VIDA
Deerfield, Florida 33442-8134

———————————————— ■ ————————————————

A mi padre,
que me enseñó a aceptar la responsabilidad por mi propia vida.

A mis mentores,
que siguen viendo más en mí que yo mismo.

A mis hijas,
que me mantienen humilde y realista.

A mi esposa,
que me ayuda a pensar que las ideas se me ocurrieron a mí.

A mi Dios,
que es tan bondadoso que me perdona.

ÍNDICE

ÍNDICE

PREFACIO

Muy pocos hombres escriben su diario, aunque todos debieran hacerlo. El diario nos recuerda cuán relacionados estamos con otras personas, sobre todo con nuestros seres amados. La fuerza central que impulsa hoy a los hombres es la independencia, y no la dependencia, de manera que nos negamos con toda cortesía a escribir, reflexionar y relacionarnos en nuestra vida emocional. Esta expectativa que no es natural, esta pauta social, nos está matando por dentro. Es una de las razones por las que el veinticinco por ciento de los hombres en Estados Unidos se sienten deprimidos. Como un cáncer mortal, esta falta de relación emocional nos está destruyendo el alma.

Basta ya. Ha sonado el llamado a levantarnos.

Al igual que usted, hay hombres procedentes de todos los caminos de la vida, de todos los rincones del mundo, que están buscando abiertamente las respuestas a unas preguntas que nunca antes habían hecho. Los padres hemos oído este llamado a despertar, pero no estamos seguros de cómo responder a él. Las preguntas sobre la paternidad comienzan todas con la palabra "qué", y no tienen nada de sencillas: ¿Qué confesar? ¿Qué planes hacer? ¿Qué actitud cambiar? ¿Qué daño reparar? ¿Qué cuentos contar? ¿Qué confusión aclarar? ¿Qué motivos escudriñar? ¿Qué victoria saborear? ¿Qué cita recordar? ¿Qué consejo buscar? ¿Cómo actuar? ¿Qué habilidad enseñar? ¿Qué limite fijar? ¿Qué alientos dar? ¿Qué prioridades cambiar?

El diario de papá es un curso corto para responder a estas preguntas. En los próximos treinta días, usted va a descubrir lo que necesita hacer ahora a fin de "volver el corazón de los padres hacia los hijos, y el corazón de los hijos hacia los padres" (Malaquías 4:6). Nada puede ocupar el lugar de la costumbre de escribir un diario. *El diario de papá* le dará una conciencia más concentrada de la huella que usted deja en sus hijos. En estas páginas aprenderá a dejarles a esos hijos, y también a los hijos de ellos, un legado duradero de amor.

He aquí el proceso. Comenzamos cada día con un pasaje de las Escrituras que va seguido de unos pensamientos cuidadosamente escogidos sobre la paternidad. Después de los pensamientos, hay una carta de bendición: el tipo de carta que un padre amoroso le escribiría a su hijo, que ahora tiene ya hijos propios. Cada día termina con una sugerencia de oración. El resto depende de usted. Quizá quiera reaccionar, responder o reflexionar. Quizá quiera dejar el libro y "poner manos a la obra".

Ya es hora de que usted se convierta en la clase de padre que Dios quiere que sea. Felicidades.

Que aumente su familia.

Ron Rose

Cuidaréis de poner por obra todo mandamiento que yo os ordeno hoy, para que viváis, y seáis multiplicados, y entréis y poseáis la tierra que Jehová prometió con juramento a vuestros padres. Y te acordarás de todo el camino por donde te ha traído Jehová tu Dios estos cuarenta años en el desierto, para afligirte, para probarte, para saber lo que había en tu corazón, si habías de guardar o no sus mandamientos. Y te afligió, y te hizo tener hambre, y te sustentó con maná, comida que no conocías tú, ni tus padres la habían conocido, para hacerte saber que no sólo de pan vivirá el hombre, mas de todo lo que sale de la boca de Jehová vivirá el hombre. Tu vestido nunca se envejeció sobre ti, ni el pie se te ha hinchado en estos cuarenta años. Reconoce asimismo en tu corazón, que como castiga el hombre a su hijo, así Jehová tu Dios te castiga.

Deuteronomio 8:1-5

Adiestramiento para el futuro

Al fin y al cabo, ¿qué se supone que debe hacer un padre? Un columnista de un periódico describía nuestra confusión colectiva acerca de la paternidad, a base de comparar a los padres con la luz interior de los refrigeradores: "En todas las casas los hay, pero nadie sabe lo que hace ninguno de los dos una vez que se cierra la puerta." Aunque algunos hombres parecen hacer las "cosas" que hacen los padres de manera instintiva, para la mayoría el papel de padre es un papel mal definido. Nadie se lanza a ser un padre ausente, o apático, pero cuando no sabemos qué hacer, la mayoría no hacemos nada, o apenas lo suficiente para ir pasando.

Nuestro único adiestramiento para la responsabilidad de padres parece estar dirigido por nosotros mismos: es un "aprender haciendo". Apenas aprendemos qué se debe hacer en una etapa, nos tenemos que mover hacia la siguiente. Es bastante difícil tener seguridad y constancia cuando uno lo va resolviendo todo a medida que avanza. Hay ocasiones en que nos parece que nos vamos quedando cada vez más atrás, mientras tratamos con desesperación de mantenernos un paso por delante. La confusión es una experiencia corriente.

En las generaciones del pasado, el hogar era un refugio, un lugar seguro donde jóvenes y viejos se podían recuperar y crecer hasta convertirse en las personas que Dios tenía pensado que se convirtieran. Era el campo de entrenamiento para la vida. Ahora somos muchos los que estamos tratando de controlar el hogar mediante un mando a distancia. No es de extrañarse que nos encontremos frustrados y exhaustos. Sólo podemos ser padres "en persona"; nadie lo puede hacer por nosotros.

Tal como yo lo veo, un padre hace cuatro cosas. Trabajando con la ayuda de su esposa, (1) provee, (2) enseña, (3) guía y (4) resuelve problemas.

1. Como *proveedor*, el padre es responsable de la satisfacción de las necesidades, tanto físicas como emocionales. En resumen, que le proporciona a su familia, tanto una casa como un hogar.

2. Como *maestro*, el padre les da a conocer a sus hijos las maravillas de la vida. Tiene la oportunidad de enseñarles a poner el cebo en un anzuelo, a silbar una tonada, a chasquear los dedos, a saltar una piedra, a volar una cometa, a hacer un avión de papel y a soplar una burbuja. Si es sabio, les enseñará la forma de jugar al Monopolio en menos de cinco horas, cómo se corta el césped, cómo se hace una fogata para un campamento o un castillo de arena, o un hombre de nieve, o cómo se abre una cuenta de banco. Les enseñará a distinguir entre lo bueno y lo malo; les hablará de Dios y de la virtud.

3. Como *líder*, el padre establece las normas, las reglas de la casa. Hace cumplir esas normas, y las cumple él también. Las reglas son imprescindibles; ayudan a hacer que los niños se sientan seguros y confiados. Algunas veces el cumplimiento de esas reglas le exige al padre que sacrifique sus propios deseos por el bien de la familia, pero ése es el deber de todo padre.

4. Como *el que resuelve los problemas*, el padre ayuda a sus hijos a superar sus problemas y a enfrentarse a sus enemigos. Al hacerlo, les inspira seguridad y valor y se convierte en un héroe familiar cotidiano. Los padres que resuelven problemas siempre se convierten en héroes.

Cuando se cierra la puerta de la calle, ¿cuál de estas cuatro tareas de los padres es la que usted hace mejor? ¿Cuál es la más difícil?

Querido hijo:

Recuerdo una película de Frank Capra que se ha convertido en un clásico del cine. Se llama *It's a Wonderful Life* ("La vida es maravillosa"). Consíguela si puedes, y una noche en que te quedes solo, siéntate a verla. Considérala como una película de adiestramiento para padres. Es la historia de un hombre común y corriente que se convierte en un héroe familiar. Se llama George Bailey, y es un hombre que pasó toda la vida en Bedford Falls, un pequeño pueblo de los Estados Unidos. Nunca pudo realizar su sueño de viajar por el mundo. Renunció a él para cumplir con sus obligaciones cívicas y familiares. Su única recompensa parecía ser una sensación creciente de carga y frustración. Cuando se vio amenazado con el escándalo y la posibilidad de ir a la cárcel por un error de un tío suyo, lo dominó la desesperación. Clarence, su ángel guardián, lo salvó de aquel desespero, al permitirle ver lo que habría sido el mundo si él no hubiera nacido. Sin George, su mamá habría sido una mujer amargada y suspicaz, su tío se habría vuelto loco, su esposa no se habría casado nunca, el farmacéutico estaría arruinado, y una amiga de la niñez se habría dedicado a la prostitución.

El heroísmo de George no consistía en grandes aventuras, sino en que había estado haciendo las cosas de todos los días con su familia y sus amigos, cualesquiera que fueran los problemas.

He aprendido mucho con esa película sobre cómo se debe ser padre. Me parece que tú aprenderás mucho también.

Con amor,
Papá

AMADO PADRE:

Hoy te pido que me conviertas en el padre que tú quieres que sea. Ayúdame a ser tu representante ante mis hijos como proveedor, maestro, guía y encargado de resolver problemas. Dame fortaleza y capacidad para la jornada.

Así como tú moldeas y diriges mi vida, ayúdame a mí a moldear y a dirigir la vida de mis hijos.

En el nombre de Jesucristo. Amén.

1. ¿A qué me debo comprometer?

2. ¿Cómo debo actuar?

3. ¿Qué lección les puedo dar a mis hijos?

Antes, en todas estas cosas somos más que vencedores por medio de aquel que nos amó. Por lo cual estoy seguro de que ni la muerte, ni la vida, ni ángeles, ni principados, ni potestades, ni lo presente, ni lo por venir, ni lo alto, ni lo profundo, ni ninguna otra cosa creada nos podrá separar del amor de Dios, que es en Cristo Jesús Señor nuestro.

Romanos 8:37-39

El amor no merecido

En 1973 John Cappelletti, del equipo estatal de fútbol de Pensilvania, ganó el trofeo Heisman. Cuando llegó la noche del banquete en que se entregarían los premios, cuatro mil personas acudieron a los salones del Hotel Hilton de Nueva York. John había preparado con gran cuidado su discurso, y lo sostenía fuertemente en la mano. Estaba nervioso, pero se sentía emocionado y honrado porque iba a recibir el trofeo Heisman.

En su discurso, expresó su gratitud al equipo del estado, a sus entrenadores, y de manera especial al entrenador Paterno. Contó cómo Paterno había llegado a su casa de visita con el fin de reclutarlo para el equipo y se había pasado la tarde con Joey, su hermano menor. Aquella sensibilidad de Paterno había desempeñado un papel importante en la decisión de John de entrar en el equipo. Joey estaba luchando con la leucemia. Cuando John comenzó a hablar de su hermano, se hizo un profundo silencio en medio de la multitud. No pudo contener las lágrimas. Por fin, se deshizo del discurso que traía preparado y dejó que siguiera hablando su corazón.

—Si yo le pudiera dedicar este trofeo a Joey; si le pudiera dar un solo día de felicidad, todo habría valido la pena. Dicen que he mostrado mi valentía en el campo de fútbol, pero para mí sólo se trata del campo, y eso durante el otoño. Joey vive continuamente con su dolor. Su valentía dura las veinticuatro horas del día, y quiero que sea él quien tenga este trofeo. Es más suyo que mío porque él ha sido una gran inspiración para mí.

Cuando terminó de decir aquellas palabras, todas las personas que estaban en el auditorio se pusieron de pie, aplaudiendo y llorando. Hasta los periodistas pueden llegar a llorar conmovidos.

Joey estaba sentado con su papá cerca del frente. No comprendió lo que estaba pasando, y le preguntó a su papá por qué John no quería aquel trofeo.

—Él te lo quiere dar a ti, hijo —le contestó el padre.

—Pero eso no es justo —contestó Joey—. Es suyo; él se lo ganó. No es mío; es suyo.

—Lo sé, pero él quiere que lo tengas tú. Te lo quiere dar a ti.

Para muchos de nosotros, lo más difícil del mundo es aceptar algo que no merecemos. Se nos ha condicionado para ganárnoslo todo, trabajar duro y pagar nuestras deudas. Sin embargo, Dios cambió las reglas del juego. Él nos da su amor incondicional en los momentos precisos en que menos lo deseamos. Por eso, como a Joey, nos resulta difícil aceptar su regalo. Quizá sea por eso por lo que me encantan las palabras de aquella canción: "Te voy a decir un secreto acerca del amor de un padre. Los padres no aman a sus hijos de cuando en cuando; es un amor sin final, amén." Estoy convencido de que lo más difícil de hacer para un padre es amar sin condiciones, cuando él mismo nunca ha recibido amor incondicional. Necesito recordar a diario que Dios me ama más cuando menos lo merezco. Él es mi fuente de amor incondicional.

Mi amor incondicional es un don que sólo yo puedo dar.

Querido hijo:

Quiero que sepas, sin que te quepa duda alguna, que te amo. Y que te voy a seguir amando, ya sea que termines en la presidencia o en una cárcel. Ha habido momentos en los cuales, por mucho que he querido darte otras cosas, sólo te he podido dar mi amor.

Las Navidades siempre han sido duras para mí. A medida que ibas creciendo, había muchas cosas que te quería dar, pero cuanto más crecías tanto más caros se hacían los regalos, y sencillamente, no tenía dinero para comprarlos. Así que, lo mejor que podía, te daba mi amor.

Sé que ha habido momentos en los que no te has sentido amado; en los que no me has considerado más que un proveedor. Espero que esos recuerdos se desvanezcan con el tiempo. Espero también que crezcas lo suficiente para darte cuenta de que se te ama más cuando te parece que lo mereces menos. Eso es lo que he aprendido de Dios.

Le pido a Él que aprendas a dar más amor del que yo doy, y que les muestres ese amor a tus hijos, sobre todo cuando menos se lo merezcan.

Con amor,
Papá

AMADO DIOS:

Gracias porque me has amado, incluso en los momentos en que no lo he merecido. Gracias porque me amas todo el tiempo, y no sólo de cuando en cuando. He necesitado mucho tiempo para darme cuenta de lo mucho que tú me amas, Señor. Espero que me ayudes a amar a mis hijos de la misma manera.

Dame oportunidades para mostrarles a mis hijos que los amo sin condiciones, y palabras para decírselo.

En el nombre de Jesucristo. Amén.

1. ¿A qué me debo comprometer?

2. ¿Cómo debo actuar?

3. ¿Qué lección les puedo dar a mis hijos?

_____

_____

_____

_____

_____

_____

_____

_____

_____

_____

_____

Vosotros sois testigos, y Dios también, de cuán santa, justa e irreprensiblemente nos comportamos con vosotros los creyentes; así como también sabéis de qué modo, como el padre a sus hijos, exhortábamos y consolábamos a cada uno de vosotros, y os encargábamos que anduvieseis como es digno de Dios, que os llamó a su reino y gloria.

1 Tesalonicenses 2:10-12

Aliento para el corazón

No puedo pensar en esto de dar ánimo sin sentir ganas de reír al recordar una anécdota sobre el famoso jugador de golf Arnold Palmer. Estaba jugando en un torneo en Omaha, estado de Nebraska, a principios de los años sesenta. Parecía que sus habilidades estaban de vacaciones. Su golpe y su actitud no iban nada bien, y la confianza en sí mismo se estaba desvaneciendo.

Al llegar a la zona de tiro número quince en la ronda final, Arnie iba tres tiros por detrás, pero en su mente, lo mismo habría dado que fueran treinta tiros. Entonces sucedió algo asombroso. Cuando Arnie se preparaba a tirar en la zona quince, oyó un murmullo entre los espectadores. Había un hombre, escondido en la multitud, que repetía una y otra vez las mismas palabras: "Arnie puede hacerlo. Arnie puede hacerlo. Arnie puede hacerlo."

Aquellas pocas palabras, repetidas por una voz anónima, le dieron ánimos a Arnie al instante. Se volvió a sentir seguro de sí mismo. Levantó el palo del golf, y golpeó la bola, que fue a caer al mismo medio de la calle del campo. Era su mejor tiro en meses.

Mientras estudiaba las condiciones, como preparación para tirar desde la calle, oyó de nuevo: "Arnie puede hacerlo. Arnie puede hacerlo." La pelota fue a caer a un metro del hoyo.

Durante todo el resto del torneo, Arnie estuvo oyendo el sonido apagado de aquellas palabras: "Arnie puede hacerlo. Arnie puede hacerlo." Y fueron ellas las que cambiaron el juego. Pasó por encima de los hoyos números quince, dieciséis, diecisiete y dieciocho, y ganó el torneo. Después de recibir el trofeo, el cheque del ganador y las felicitaciones de los oficiales del torneo, Arnie volvió a oír aquella apagada voz. Esta vez, las palabras eran diferentes: "Arnie lo hizo. Arnie lo hizo."

Sólo necesitó unos instantes para encontrar la fuente de aquellas palabras de ánimo. Caminó por detrás del hombre, le hizo darse vuelta y le tendió la mano como señal de gratitud. Cuando el sorprendido extraño le golpeó la pierna con su bastón blanco, Arnie se dio cuenta de que aquel hombre era ciego. Enrojeció de vergüenza y se excusó, pero aquel caballero se presentó ansiosamente.

—Es un orgullo conocerlo, Arnie. Me llamo Charlie Boswell.

Después de unos instantes de incómoda conversación, Arnie dio media vuelta para marcharse. De pasada, le hizo el siguiente ofrecimiento:

—Si alguna vez hay algo que pueda hacer por usted, dígamelo.

—Bueno, sí hay una cosa —le contestó Charlie de inmediato—. Me gustaría jugar con usted al golf una vez.

Arnold Palmer miró el bastón blanco de Charlie y le dijo:

—¿No sería mejor algo distinto?

—¿Qué le parecen mil dólares por hoyo?

—¿Cuándo quiere jugar? —le respondió Arnie sin durarlo un instante.

—Cualquier noche de éstas —fue la respuesta de Charlie.

Recuerdo que Mel, un predicador de mi pueblo, me solía poner la mano en el hombro para decirme: "Tú lo puedes hacer; tienes el don." Creía en mí más que yo mismo. Podía ver lo que yo no podía ver, y fueron sus palabras las que terminaron por cambiarme la vida. Él era, y aún sigue siendo mi "Charlie Boswell". ¿Quién es el que le da ánimos? ¿A quién le ha dado ánimo usted?

Querido hijo:

Tu abuelo fue el que me supo dar ánimo. Recuerdo el día en que me despertó antes del amanecer y me llevó a caminar. Hablamos de la vida, del trabajo, de Dios y de la familia. Yo escuchaba la mayor parte del tiempo, mientras él hablaba. Nos detuvimos en la pastelería, donde compartimos unos pasteles, un café (la primera vez que yo los probaba) y más secretos. De camino a casa, me dijo que se sentía orgulloso de mí, y del joven bueno en que me estaba convirtiendo. Nunca olvidaré sus palabras: "Tú vas a poder hacer cosas que nunca he soñado, y sé que las vas a hacer bien."

¿Recuerdas cuando salimos a pescar por vez primera? La verdad es que tuvimos que aprender juntos. En aquella salida, hablamos de tus sueños. He pensado mucho en aquellos momentos, y quiero que sepas que creo en ti y que estoy convencido de que puedes lograrlos.

Cuando te vengan tus hijos con una esperanza, o un sueño, o algo con lo que están luchando, mantén vivo el legado de saber dar ánimos. Algunas veces no hacen falta palabras; se pueden dar ánimos con un apretón de manos, una mano sobre el hombro o un abrazo. Sin embargo, nada puede sustituir a las palabras. Busca oportunidades para darles ánimo. Eso es algo que siempre nos hace falta.

Con amor,
Papá

AMADO SEÑOR:

Gracias por haber enviado a mi vida personas que me dieran ánimo. Aún las sigo necesitando, Señor. Dame oportunidades de animar a otros. Ayúdame a saber lo que debo decir y hacer para darles ánimo a mis amigos y a los míos.

Señor, ábreme los ojos para saber cuándo necesitan mis hijos que les dé ánimo. También ayúdame a enseñarles a dar ánimo a otras personas.

En el nombre de Jesucristo. Amén.

1. ¿A qué me debo comprometer?

2. ¿Cómo debo actuar?

3. ¿Qué lección les puedo dar a mis hijos?

Hijo mío, no te olvides de mi ley, y tu corazón guarde mis mandamientos; porque largura de días y años de vida y paz te aumentarán. Nunca se aparten de ti la misericordia y la verdad; átalas a tu cuello, escríbelas en la tabla de tu corazón; y hallarás gracia y buena opinión ante los ojos de Dios y de los hombres. Fíate de Jehová de todo tu corazón, y no te apoyes en tu propia prudencia. Reconócelo en todos tus caminos, y él enderezará tus veredas.

Proverbios 3:1-6

La superación de las deficiencias Día 4

Los investigadores de la universidad de Boston han hecho un interesante descubrimiento. Durante trece años evaluaron un programa que adiestraba a los padres en lo que yo llamaría "las cosas de la paternidad". Encontraron que los padres parecen decir o hacer, de manera natural e involuntaria, cosas que dejan a sus hijos pensando: "Debí hablar con mamá." Los investigadores identificaron las habilidades que los hombres necesitamos desarrollar con el fin de superar nuestras deficiencias como padres. Adiestraron varios grupos de hombres en estas habilidades, y como por arte de magia, sus hijos comenzaron a desear ir a conversar con ellos.

Este programa adiestraba a los padres en cinco habilidades específicas:

1. *Escuchar al contexto.* A los hijos se les hace difícil hablarle a su padre acerca de sus temores, preocupaciones y problemas porque no están seguros de que él vaya a comprender, o incluso aceptar la forma en que ellos se sienten. Los padres tienden a dar consejos como "No dejes que eso te moleste", o "No te preocupes por eso", con lo que dan por terminada la conversación. A los hombres se nos hace fácil olvidar que los comentarios iniciales de nuestros hijos sólo son el principio. Hace falta concentrar la atención en lo que dicen, para descubrir su contexto. O sea, que necesitamos ser más observadores, detenernos, mirar y escuchar antes de hablar nosotros.

2. *Comprender los mensajes ocultos.* Algunas veces los hijos no saben cómo expresar sus sentimientos. Con frecuencia, manifiestan sus emociones fuertes a base de una conducta "loca". Estos momentos de "locura" pueden llegar a ser tan frustrantes, que el padre no piensa en observar, o escuchar en busca de sentimientos escondidos; sólo se enfrenta a la locura. Así es como los sentimientos permanecen escondidos, y la

locura sigue. Los padres que buscan los mensajes escondidos son los que pueden curar un montón de locuras.

3. *Estar conscientes de sí mismos.* Muchos padres se sienten incómodos cuando sus hijos comienzan a describirles sus sentimientos. Es posible que ellos mismos tengan sentimientos profundos, resentimientos sin resolver y frustraciones del pasado con las que no se han enfrentado. Este "equipaje" va a impedir que la conversación se vuelva demasiado personal, y muchos hombres intentan inconscientemente un cambio de conversación, dejan de escuchar, estallan y espantan a su hijo, o se vuelven fríos y distantes con el único fin de evitar que las cosas se vuelvan demasiado personales. Para ser los padres que Dios quiere que seamos, necesitamos desempacar y echar a un lado nuestro equipaje del pasado.

4. *Ejercitar la expresión de la propia personalidad.* Es obvio que no nos basta con estar conscientes de nuestras emociones. Necesitamos aprender a poner en palabras esos sentimientos. Por lo general, los hombres no tenemos un "vocabulario de sentimientos" muy amplio. Por eso los padres necesitamos hallar primero las palabras adecuadas. La búsqueda de esas palabras exige práctica, y las esposas suelen estar listas y dispuestas para ayudarnos en este aspecto.

5. *Aprender a resolver mediante la negociación.* Los padres tienen siempre la tentación de imponerse sobre sus hijos, afirmar su poder e intimidar. Al fin y al cabo, al hombre le es mas fácil así, y es probable que su padre lo haya tratado a él de esa forma también. En los casos extremos, podría ser necesario, pero el movimiento normal de las relaciones familiares requiere una negociación firme, aunque amistosa, e incluso llena de humor en algunas ocasiones.

Estas cinco habilidades tienen un denominador común: todas exigen tiempo. Es más fácil echar a un lado o pasar por alto a nuestros hijos, o limitarse a darles una orden. No obstante, las soluciones rápidas no llevan a una relación estrecha, y esas relaciones estrechas forman una parte imprescindible de nuestra función de padres.

Querido hijo:

Recuerdo el día que naciste. Te cargué en mis brazos, sobrecogido por la maravilla del nacimiento. En el momento en que te entregaba a tu mamá, me invadió una sensación inesperada de aprehensión. No estaba seguro de tener las capacidades y habilidades necesarias para ser el padre que ibas a necesitar. Me sentía muy incapaz. Al recordarlo, comprendo que necesitaba aquel momento de humildad. Necesitaba sintonizar mis ojos y oídos con la paternidad.

Después de todos estos años aún me sigo preguntando cosas acerca de ti. Aún tengo incertidumbres con respecto a mi capacidad. Me imagino que así son las cosas. Sin embargo, a lo largo de los altibajos de mi paternidad, he recogido algunos consejos que creo que valen la pena.

1. Trata a cada uno de tus hijos de manera individual, y bendice a cada uno de ellos.

2. Invierte algo de ti mismo en cada uno de ellos.

3. Sigue creciendo como padre, al mismo tiempo que tus pequeños crecen como hijos.

Con amor,
Papá

AMADO DIOS:

Gracias por las veces que tu Espíritu ha convertido mis debilidades en la fortaleza que necesitaban mis hijos. Estoy comenzando a darme cuenta de que tú y yo estamos juntos en esta labor. Siento que no estoy solo; que formo parte de un equipo, y te estoy eternamente agradecido.

Ayuda a mis hijos a escuchar mis palabras, al mismo tiempo que yo escucho las tuyas. Y, Señor, gracias por lo maravilloso que es todo esto.

En el nombre de Jesucristo. Amén.

1. ¿A qué me debo comprometer?

2. ¿Cómo debo actuar?

3. ¿Qué lección les puedo dar a mis hijos?

Bienaventurado aquel cuya transgresión ha sido perdonada, y cubierto su pecado. Bienaventurado el hombre a quien Jehová no culpa de iniquidad, y en cuyo espíritu no hay engaño. Mientras callé, se envejecieron mis huesos en mi gemir todo el día. Porque de día y de noche se agravó sobre mí tu mano; se volvió mi verdor en sequedades de verano. Mi pecado te declaré, y no encubrí mi iniquidad. Dije: Confesaré mis transgresiones a Jehová; y tú perdonaste la maldad de mi pecado.

Salmo 32:1-5

Desempaque su equipaje

Después de cincuenta y ocho años de vida, Bill estaba pasando sus últimos días en un asilo de ancianos. Su cáncer había alcanzado un nivel en el que ya no había tratamiento, y aunque los médicos lo podían ayudar con los dolores, estaba pasando por momentos difíciles. Su cuerpo se le estaba rebelando, privándolo de la bendición de morir en paz. Dentro de él había algo que lo mantenía vivo.

El capellán llamó aparte a su hijo y le explicó la situación de su padre.

—Los médicos están haciendo cuanto pueden por aliviarle los dolores —le dijo—, pero me da la impresión de que hay algo que su padre siente que necesita hacer aún, y eso lo está manteniendo vivo. ¿Conoce usted algún problema del pasado que lo pueda estar perturbando?

—Sí, sé de qué se trata —le respondió el hijo—. No soy su único hijo. Hace un buen número de años, cuando mi hermana estaba estudiando en la escuela secundaria, decidió casarse. Se había enamorado de un joven de otra raza, y cuando anunció que tenían intenciones de casarse, mi padre estalló. Le dijo a mi hermana que si se casaba con aquel "tipo", nunca la volvería a recibir en su casa. La iba a desheredar. Mi hermana se casó con aquel hombre, y mi padre mantuvo su palabra. Aunque ella vive a menos de una hora de distancia, nunca hemos vuelto a hablar de ella.

—Si usted sabe cómo dar con ella, tráigala lo más pronto que pueda —le contestó el capellán.

Aquella misma tarde, la joven que había sido desheredada trece años antes, esperaba nerviosa en el vestíbulo del asilo. Ella

27

era el asunto que él aún tenía que resolver. Cuando llegó hasta su cama, él levantó la mirada con lágrimas en los ojos y le dijo con un susurro delicado y lleno de esperanza:

—Perdóname. Te amo.

—Lo sé —se limitó a responderle ella.

Se abrazaron llorando, como si nunca se fueran a abrazar de nuevo. Pasaron después varias horas hablando de sus buenos tiempos, contándose detalles de los años de separación y disfrutando del momento. Tomaron fotografías; muchas fotografías.

Mientras todos se hallaban reunidos alrededor de él, Bill se volvió hacia su hijo y le dijo: "Gracias por traerla de vuelta." A la hija le dijo: "Gracias por venir." Al nieto: "Algún día serás un buen papá." Con su último aliento, susurró: "Los amo a todos." Y después murió.

Bill se perdió unos años que habrían podido estar llenos de buenos momentos, por no quererse desprender del pasado. Su equipaje sin deshacer impidió que experimentara algunos de los gozos más grandes de la vida. El equipaje sin desempacar es muy poderoso. No se eche a perder la vida por culpa del orgullo, la ira o la amargura. Si tiene equipaje sin deshacer, haga algo ahora mismo.

Querido hijo:

Perdóname por los momentos en que no estuve contigo, y por los momentos en que me sentí frustrado por el trabajo, o por la chequera, o por mi propia insensatez, y por los tiempos en que me desahogué contigo. Espero que te hayas olvidado de las páginas que me saltaba en los libros de cuentos, las promesas quebrantadas, las veces que dije "Ahora no", las veces que no jugué por estar demasiado ocupado, y los fantásticos juegos de tu equipo que nunca llegué a ver. Te ruego que me perdones. No estoy tratando de excusarme por mis faltas. Sencillamente, estaba demasiado interesado en mis propias aspiraciones, para ver tus necesidades. Eché a perder las cosas, y lo siento.

Algunas veces el horario de los adultos se llena tanto de cosas urgentes, que pasamos por alto las importantes. Sería maravilloso que pudiéramos regresar en el tiempo y corregir los errores, el dolor y los abusos, pero no podemos. En realidad, si nos pasamos la vida lamentándonos "Si hubiera hecho esto, o dicho aquello...", nos vamos a quedar atascados en el pasado. Necesitamos aprender de nuestros errores para decir: "La próxima vez, voy a... Créeme." La "próxima vez" es una perspectiva mucho mejor. Te ruego que tengas paciencia. Dios está trabajando aún en mí.

Con amor,
Papá

AMADO PADRE:

Te ruego que me perdones los pecados del pasado. Perdóname por las veces que te he fallado, las veces que le he fallado a mi esposa, las veces que les he fallado a mis hijos y las veces que me he fallado a mí mismo. Ayúdame a resolver las cosas que aún no he resuelto, ahora que todavía tengo tiempo. Dame valor para confesar, como lo hizo David.

Gracias, Padre, por ayudarme a saber que has perdonado la culpa de mi pecado. Ahora, ayúdame a sentir la liberación que trae consigo ese perdón. Y ayúdame también, Padre, a mantener los ojos puestos en el futuro, y no en el pasado.

En el nombre de Jesucristo. Amén.

1. ¿A qué me debo comprometer?

2. ¿Cómo debo actuar?

3. ¿Qué lección les puedo dar a mis hijos?

Vino luego a Betsaida; y le trajeron un ciego, y le rogaron que le tocase. Entonces, tomando la mano del ciego, le sacó fuera de la aldea; y escupiendo en sus ojos, le puso las manos encima, y le preguntó si veía algo. Él, mirando, dijo: Veo los hombres como ár-boles, pero los veo que andan. Luego le puso otra vez las manos sobre los ojos, y le hizo que mirase; y fue restablecido, y vio de lejos y claramente a todos.

Marcos 8:22-25

Una segunda oportunidad

No podía creer lo que decía el termómetro: cuarenta grados y medio. Estaba tirado sobre la mesa en la sala de espera de mi médico, con un gramo de Tylenol en el sistema, y la fiebre más alta de toda mi vida. Cuando entró el médico, le anuncié: "Doctor, hoy va a suceder una de estas tres cosas: usted me va a curar ahora mismo, me voy a morir aquí, o me ingresa en el hospital."

Durante las cuatro semana siguientes, el cuarto 235 del hospital Harris se convirtió en mi hogar. Las dos primeras semanas pasaron entre pruebas, exploraciones, rayos X y pinchazos por todo el cuerpo. Me convertí en un caso misterioso. Un equipo de seis médicos unió sus fuerzas para tratar de resolver el misterio de mi fiebre. Mientras tanto, me iba debilitando cada vez más.

Por último, al decimoquinto día, entró un médico nuevo en el cuarto. Se presentó y me entregó su tarjeta. "Experto en diagnósticos definitivos", decía debajo de su nombre. —Cirujano —me dijo.

—Señor Rose —continuó diciendo—, ya no quedan pruebas que hacerle. Sabemos que tiene un problema en el hígado, pero no sabemos qué lo está causando. Mañana lo vamos a operar, y le prometo que no saldremos de allí mientras no descubramos qué le causa esa fiebre. Dicho sea de paso, hay un cincuenta por ciento de probabilidad de que estemos frente a un cáncer. Es necesario que usted esté preparado para eso.

Una vez dicho esto, me dio unos cuantos papeles para que los firmara y salió del cuarto. Me quedé estupefacto. Había dicho la palabra terrible. Durante varias horas, pareció que el tiempo se había detenido.

Me quedé en la cama, con los ojos fijos en el techo, pensando acerca de una posible muerte a los cuarenta y dos años. Las preguntas inundaban mi mente; las duras preguntas de vida o muerte. Confesé mis errores del pasado, los que podía recordar y unos cuantos que no recordaba, para estar seguro. Lloré, incluso traté de hacer un trato con Dios, prometiéndole que cambiaría si me conservaba la vida. Después de horas de luchar con mis propios temores, me puse los auriculares, subí el volumen de mi tocacintas y dejé que las palabras de mis cantos de alabanza favoritos me llenaran la cabeza. Poco a poco, mi fe fue superando al temor. Las palabras de los cantos me ayudaron a adquirir una perspectiva correcta y a concentrarme. Las palabras "Él vive en mí, no temo al mañana" tomaron un significado muy personal. Decidí aquella noche que iba a alabar a Dios, cualquiera que fuera mi futuro. Si me encontraban un cáncer, iba a morir dándole gloria a Dios. Si me curaba, también mi vida le iba a dar la gloria a Dios.

Al día siguiente, encontraron una bacteria anaerobia. Aquella diminuta criatura había causado un problema tan grande. Comencé el tratamiento, y después de una recesión temporal con coágulos en la sangre, me marché del cuarto 325 para comenzar mi "nueva" vida. Dios había logrado captar mi atención, y todavía la tiene. Él había convertido mi estancia en el hospital en un "segundo toque".

Desde entonces he decidido que mi vida está llena de momentos para comenzar de nuevo; de segundas oportunidades, por así decirlo. Había ingresado al hospital sintiéndome indispensable y en control de mí mismo; salí del hospital sintiendo mayor pasión por la vida y sabiéndome muy dependiente de Dios y mucho más guiado por Él.

Espero que los segundos toques de usted y sus momentos para comenzar de nuevo no requieran una estancia en el hospital.

Querido hijo:

Cuando comiences a pensar que tienes bastante controlada tu vida; cuando te sientas cómodo; cuando creas que lo tienes planeado todo para cuanta contingencia hayas podido imaginar, prepárate para un segundo toque. He llegado a considerar cada crisis, cada enfermedad, cada momento de cambio, como una oportunidad para tocar la mano de Dios. Ni qué decir tiene que no ando buscando esos momentos, pero mi manera de considerarlos ha cambiado para siempre.

Hubo un tiempo en mi vida en el que habría hecho cuanto fuera necesario para protegerte de la angustia de estos momentos de crisis, pero ahora, lo que le pido a Dios es que encuentres su mano en ellos. Protegerte del dolor y de la tragedia equivale a mantenerte alejado de los segundos toques de Dios. Y sé por experiencia propia lo mucho que transforman la vida estos segundos toques.

Mi meta en la vida es hacer que Dios salga bien siempre, sin importar lo que me suceda a mí. Creo que la expresión religiosa para esto es "darle la gloria". Espero que tú también te decidas a vivir con una meta similar.

Con amor,
Papá

SEÑOR AMADO:

Gracias por los segundos toques que he recibido, y por los terceros, los cuartos y los quintos. Ayúdame a mantener el corazón abierto para que tú me moldees y le des forma a mi vida. Aun cuando a veces no actúe como si pensara así, quiero que seas tú quien tenga el control de mi vida.

Además, Señor, ayúdame a aprender a moldear a mis hijos y darles forma de la misma manera que tú me moldeas y me das forma a mí.

En el nombre de Jesucristo. Amén.

1. ¿A qué me debo comprometer?

2. ¿Cómo debo actuar?

3. ¿Qué lección les puedo dar a mis hijos?

Vosotros también, poniendo toda diligencia por esto mismo, añadid a vuestra fe virtud; a la virtud, conocimiento; al conocimiento, dominio propio; al dominio propio, paciencia; a la paciencia, piedad; a la piedad, afecto fraternal; y al afecto fraternal, amor. Porque si estas cosas están en vosotros, y abundan, no os dejarán estar ociosos ni sin fruto en cuanto al conocimiento de nuestro Señor Jesucristo. Pero el que no tiene estas cosas tiene la vista muy corta; es ciego, habiendo olvidado la purificación de sus antiguos pecados.

2 Pedro 1:5-9

P

ara convertirse en contador público, hay que pasar un examen. Para llegar a ser médico, abogado, soldador, contratista, cartero o ingeniero, también hay que pasar un examen. Antes de dejar que un piloto vuele un avión, lo examinamos para comprobar que domina las destrezas necesarias y tiene conocimiento de los detalles. Sin embargo, no tenemos que pasar ninguna prueba antes de poder convertirnos en padres.

No estoy seguro del aspecto que tendría un examen para poder ser padre, pero conozco unas cuantas cosas que lo ayudarían a prepararse para aprobarlo. Si usted también conoce las cosas siguientes, irá camino de convertirse en un padre que va a tener éxito en su labor. Como padre, usted debe saber

- decir que lo siente en el momento oportuno
- perder con elegancia
- ayudar a adornar la casa para las Navidades
- mantenerse firme sin pisotear a nadie
- convertir una equivocación en una ventaja
- reírse en medio de un problema
- cambiar el neumático de un auto
- hacer unos cuantos chistes buenos
- ganar sin restregárselo a nadie en la cara
- aceptar que las mujeres no siempre saben dónde están las llaves que se te perdieron
- hacer una buena comida con una estufa de campaña
- armar una tienda de campaña
- doblar un mapa
- tener arte para cortar un pavo asado
- hacer una comida decente sin necesidad del horno de

microondas
- averiguar cuándo hay rebajas en la tienda de víveres
- aceptar que está bien admitir que uno está equivocado... por lo menos una vez
- controlarse la lengua delante de los suegros
- contarles diez relatos bíblicos seguidos a sus hijos
- entender que sus hijos necesitan ver que usted es cariñoso con la mamá
- darse cuenta de que algunas veces su esposa lo que quiere es que usted la escuche, sin tratarle de resolver el problema
- aceptar que los hombres también pueden cambiar de idea
- resignarse a que, cuando por fin usted crea saber ya lo que está haciendo, sus hijos se le vayan de la casa

No es posible poner por escrito el verdadero examen para convertirse en padre. No es un examen de selección múltiple sobre sus conocimientos. Es un adiestramiento que se realiza en el propio trabajo. Aunque usted conozca todas las respuestas correctas, haya leído todos los libros, haya visto todos los videos y pertenezca a todos los grupos correctos, si su estilo de vida no cambia con cada hijo, no habrá aprobado el examen. Los hijos afectan nuestros horarios, nuestras aspiraciones, nuestras actividades recreativas, nuestra relación con Dios y nuestros planes para el futuro. ¿De qué forma ha afectado la paternidad a su vida?

Querido hijo:

Cuando yo era un padre joven, Harry Chapin escribió una canción que afectó profundamente mi perspectiva sobre la paternidad. Hablaba del día en que había nacido su hijo: "Pero tenía que viajar, y había que pagar las cuentas, y él aprendió a caminar, estando yo ausente." Cuando su hijo cumplió diez años, le dijo:

—Papá, gracias por la pelota. Ven, vamos a jugar. ¿Me puedes enseñar a tirarla?

—Tengo mucho que hacer —le dijo el padre.

—Está bien —contestó el muchacho.

Nunca he olvidado esas palabras. ¿Te has dado cuenta de que, cuando tus hijos más te necesitan, tú eres el más ocupado de tu trabajo, tu oficina o tu iglesia?

Es duro pasar por el adiestramiento dentro del trabajo, cuando uno no está haciendo el trabajo. La próxima vez que nos reunamos, vamos a jugar un poco a la pelota.

Con amor,
Papá

AMADO DIOS:

Gracias por las cosas pequeñas de la vida. Gracias por las cosas que se rompen, y que sé arreglar. Gracias por los momentos en que me puedo mantener firme sin ponerme furioso. Gracias por las veces que he podido pasar al aire libre con mis hijos. Gracias por los momentos en los que les puedo decir a mis hijos que lo siento.

Señor, algunas veces quisiera que tú y yo nos pudiéramos juntar para jugar un poco a la pelota.

En el nombre de Jesucristo. Amén.

1. ¿A qué me debo comprometer?

2. ¿Cómo debo actuar?

3. ¿Qué lección les puedo dar a mis hijos?

Por tanto, no desmayamos; antes aunque este nuestro hombre exterior se va desgastando, el interior no obstante se renueva de día en día. Porque esta leve tribulación momentánea produce en nosotros un cada vez más excelente y eterno peso de gloria; no mirando nosotros las cosas que se ven, sino las que no se ven; pues las cosas que se ven son temporales, pero las que no se ven son eternas.

2 Corintios 4:16-18

Alcance su potencialidad

L e ha llegado alguna vez un informe de notas en el que diga: "No trabaja de acuerdo con su potencialidad"? A mí sí me llegaban, y crecí en la seguridad de que tenía algo llamado "potencialidad", pero inseguro en cuanto a la forma en que funcionaba, hasta que conocí a Robert Reed. Ahora sí lo sé.

Había sido un viaje muy largo, y Gary estaba cansado de conducir. Él y Robert llevaban veinte horas en el auto, y el sol estaba comenzando a anunciar la llegada de un nuevo día. Gary se salió de la carretera para entrar en una parada de descanso, pero no podía dormir. Se quedó allí sentado, viendo cómo dormía Robert.

Robert era sorprendente. Era víctima de la parálisis cerebral, con un cuerpo espástico y un corazón consumido por el amor a la vida. La había pasado toda en una silla de ruedas. Había muchas cosas "normales" que él no podía hacer. No podía caminar, conducir un auto ni alimentarse solo, pero era una inspiración para todos los que lo conocían. Gary tomó una pluma del bolsillo de su camisa y comenzó a escribir las palabras de esta canción:

Gracias, Señor, por amarme;
gracias, Señor, por bendecirme.
Gracias, Señor, por darme salud
y por salvar mi alma.
Te ruego que me reveles tu voluntad para mí
para poderte servir por toda la eternidad.
Usa mi vida de todas las formas posibles;
toma control de ella hoy mismo.

Robert no sólo inspiró esta canción maravillosa, sino que ha vivido siempre más allá de su potencialidad. Se graduó en la Universidad Cristiana de Abilene, se fue de misionero a Portugal, dio clases a nivel universitario y fue el responsable de que más de setenta personas llegaran a los pies del Señor durante su estadía de seis años en Lisboa. Se casó con una de sus convertidas y tuvieron hijos fieles. Todo esto lo hizo Robert con su parálisis cerebral y una forma lenta y distorsionada de hablar que era difícil de escuchar, aunque uno le tuviera afecto.

A pesar de que tiene fuertes limitaciones, Robert ha encontrado el secreto para vivir más allá de su potencialidad. Le encanta hacer lo que nadie cree que él puede hacer. Le encanta sorprender a sus amigos. Y créame que ha sorprendido a todos los que lo han conocido. Vive cada día en toda su plenitud.

Dios ha bendecido a Robert con una actitud de perpetua valentía. Tiene una perspectiva sobre la potencialidad que mucha gente totalmente sana nunca llegará a comprender. Y su historia de la vida real es una definición viviente de una potencialidad convertida en realidad.

Le doy gracias a Dios por la oportunidad de compartir unos cuantos años con Robert. Espero que usted conozca a alguien como él.

Querido hijo:

Tú, como Robert, te sientes motivado a intentar y hacer cosas cuando nadie cree que puedas. Te motiva el reto; el imposible. Siempre me ha gustado esa parte de tu persona. Cuando te lanzabas a alguna aventura nueva, o emprendías algún proyecto nuevo, yo sentía como si estuviera allí mismo, junto a ti, logrando lo imposible.

Me alegra que hayas aprendido a vivir más allá de tu potencialidad. No dedicas mucho tiempo a pensar si tienes o no la potencialidad para hacer las cosas; sencillamente, las haces. Vives en el presente; no en el futuro, y tus hijos serán bendecidos por tu espíritu práctico.

Todos tenemos potencialidad, y todos tenemos limitaciones. Si nos concentramos en nuestras limitaciones, cualesquiera que sean, nuestra vida estará llena de autocompasión. Si nos concentramos en nuestra potencialidad, es posible que nunca lleguemos a hacer nada. No necesitamos hablar demasiado sobre ninguno de los dos extremos; sencillamente, hagamos algo. Creo que el solo hecho de hacer algo te convierte en una inspiración.

Eso es lo que tus hijos necesitan ver.

Con amor,
Papá

AMADO SEÑOR:

Ayúdame a quitar los ojos de mi potencialidad; se ha convertido en mi impedimento. Ayúdame a mantener los ojos fijos en las cosas que son eternas e importantes.

Gracias, Señor, por hacernos sanos y darnos limitaciones al mismo tiempo. Gracias por crearnos de tal forma que te necesitemos.

Señor, ayuda a mis hijos para que aprendan a mirar más allá de sus limitaciones, y más allá de su potencialidad. Ayúdame a enseñarles a servirte, pase lo que pase con su cuerpo o con su vida.

En el nombre de Jesucristo. Amén.

1. ¿A qué me debo comprometer?

2. ¿Cómo debo actuar?

3. ¿Qué lección les puedo dar a mis hijos?

Cantad a Dios, cantad salmos a su nombre; exaltad al que cabalga sobre los cielos. JAH es su nombre; alegraos delante de él. Padre de huérfanos y defensor de viudas es Dios en su santa morada. Dios hace habitar en familia a los desamparados; saca a los cautivos a prosperidad; mas los rebeldes habitan en tierra seca.

Salmo 68:4-6

Acepte ayuda

La familia nunca fue pensada para hacer las cosas en aislamiento. Nos necesitamos unos a otros de verdad. Aun los más seguros de sí mismos entre nosotros necesitan otra gente que los ame; los pilotos necesitan a los mecánicos de aviación; los jugadores de tercera base necesitan a los de primera; los médicos a las enfermeras; los padres a las madres. En realidad, hay circunstancias en las que, sencillamente, no podemos hacer las cosas solos, y la paternidad es una de esas circunstancias. Quizás esta ilustración nos ayude.

Estimados señores:

Les estoy escribiendo para responder a su solicitud de información adicional. En el bloque número ocho del formulario para informar sobre accidentes, puse "tratar de hacer solo el trabajo" como la causa principal de mi accidente. Ustedes me decían en su carta que necesitaban más detalles en el informe, y confío en que los siguientes bastarán.

Soy técnico de aire acondicionado y calefacción. En la fecha del accidente estaba trabajando solo en un edificio nuevo de seis pisos. Cuando terminé mi trabajo, me di cuenta de que tenía más de doscientos kilos de herramientas en el techo. En lugar de cargar esas herramientas por las escaleras, seis pisos abajo, decidí bajarlas del techo en un barril con una soga y unas poleas. Aseguré la soga al nivel del suelo y me fui al techo, dejé el barril colgando y metí las herramientas en él. Entonces volví a bajar al suelo y solté la soga, sosteniéndola con firmeza para asegurarme de que los doscientos kilos de herramientas bajaran lentamente. Como verán en el bloque once del informe del accidente, yo peso sesenta y un kilos. Se podrán imaginar mi sorpresa cuando me vi arrebatado de pronto del suelo. Perdí la presencia de ánimo y me olvidé de soltar la soga. Ni que decir tiene, que fui subiendo a una velocidad bastante alarmante por todo el costado del edificio. Cuando iba a la altura del tercer piso, me encontré con el barril, que iba bajando también por el costado del edificio. Esto explicará la fractura del cráneo y la vértebra cervical rota. Con un poco más de lentitud, seguí mi rápida subida, sin detenerme hasta que tuve los nudillos de la mano derecha metidos más de cinco centímetros dentro de la polea. Por fortuna, en aquel momento recuperé mi presencia de ánimo, y fui capaz de aguantarme de la soga, a pesar del dolor. En ese mismo instante, el barril chocó con el suelo. Se desfondó, de manera que se le salieron las herramientas, que quedaron amontonadas en el suelo. Al estar el barril vacío de nuevo, y otra vez les recuerdo el bloque número once, donde aparece mi peso, comencé a descender con toda rapidez por el costado del edificio. Como me había sucedido antes, al llegar al nivel del tercer piso, me encontré con lo que quedaba del barril, que iba subiendo. Esto explica los dos tobillos fracturados y las heridas de las piernas. Cuando caí al suelo, el barril me había frenado lo suficiente para que, al caer sobre las herramientas, sólo se me rompieran tres vértebras de la espalda. Siento decirles que, cuando estaba tirado en el suelo, con tanto dolor que tenía, volví a perder la presencia de ánimo y solté la soga. El barril volvió a bajar disparado y me rompió la cadera. Espero que con esta información baste para la compañía de seguros. Tengan la bondad de mandar el cheque a mi nombre.

Los hombres parecemos tener una fuerte tendencia a confiar en nosotros mismos. Sin embargo, cuando se les pidió a varios hombres que dijeran quiénes los habían ayudado a ser mejores padres, respondieron: "mi propio padre", "mi esposa" y "otros hombres". No fuimos creados para hacer solos todas estas cosas de la paternidad. Los padres que son fuertes buscan ayuda cada vez que les es posible.

Querido hijo:

He descubierto que, cuando se trata de la paternidad, el hombre consigue la ayuda de su propio padre, de su esposa, de otros hombres y de su Dios. Muchos de los hombres que me ayudaron cuando tú eras más joven, nunca supieron que me estaban ayudando. Yo quería dar la apariencia de que no necesitaba la ayuda que ya había conseguido.

Hubo momentos en que me sentí celoso del tiempo que pasabas con tu abuelo, con tus profesores, tus entrenadores, e incluso tu mamá. Quería hacerlo todo yo solo. Quería enseñártelo yo todo. Entonces tu mamá me ayudó a ver a los demás como una ayuda, no como una sustitución. Le doy gracias a Dios por su sabiduría.

De tu abuelo he aprendido que pedir ayuda no es una señal de debilidad, sino una marca de fortaleza. No fuimos hechos para realizar solos nuestra labor de padres. Necesitamos la ayuda de los abuelos, de otros hombres, de nuestra esposa, de los amigos, y de nuestros hermanos y hermanas. Al fin y al cabo, la familia va más allá de una sola generación aislada. Todos nos necesitamos unos a otros.

Con amor,
Papá

PADRE AMADO:

Gracias por darnos una familia. Una de las bendiciones más grandes que he recibido de mi familia es la de darme cuenta de que necesito ayuda. Ayúdame a encontrar a las personas que nos pueden ayudar a ser la familia que tú quieres que seamos, y a ser abierto con ellas. Ábreme los ojos para que vea cuáles son las personas que más nos pueden ayudar.

Ayúdame a enseñarles a mis hijos que no hay nada de malo en pedir ayuda. Y ayúdame a hacerme más digno de confianza cuando ellos me necesiten a mí. Ayúdanos a todos a aprender a confiar en ti.

Y, Señor, gracias de nuevo por mi esposa.

En el nombre de Jesucristo. Amén.

1. ¿A qué me debo comprometer?

2. ¿Cómo debo actuar?

3. ¿Qué lección les puedo dar a mis hijos?

Si yo cerrare los cielos para que no haya lluvia, y si mandare a la langosta que consuma la tierra, o si enviare pestilencia a mi pueblo; si se humillare mi pueblo, sobre el cual mi nombre es invocado, y oraren, y buscaren mi rostro, y se convirtieren de sus malos caminos; entonces yo oiré desde los cielos, y perdonaré sus pecados, y sanaré su tierra.

2 Crónicas 7:13, 14

El intento de ser un superpapá

A mediados y fines de los años treinta, el proyecto de construcción más notable en la zona de la bahía de San Francisco fue el puente sobre el Golden Gate. Tomó años construir este puente mundialmente famoso que estableció una nueva marca en su ramo de construcción. En varias ocasiones, hubo por lo menos fuertes dudas de que se fuera a terminar. Una de estas ocasiones de crisis se ha convertido en una de mis parábolas favoritas.

Una vez terminadas las dos gigantescas torres a ambos extremos del estrecho Golden Gate, los obreros comenzaron a edificar el puente que se convertiría en el puente colgante más largo del mundo. Se extendieron millones de kilómetros de cable a uno y otro lado, atravesando el agua. Después de colocados, los cables fueron encerrados en cubiertas de acero. Se lanzaron más cables a la cubierta inferior, y comenzó a tomar forma una especie de camino. Este proceso era bastante peligroso en condiciones normales, pero el estrecho Golden Gate no proporcionaba unas condiciones normales. Hubo ocasiones en que el viento comenzaba a soplar sin advertencia alguna a cien kilómetros por hora, y desde todas las direcciones posibles. Estos vientos, que tomaban desprevenidos a los obreros, estaban causando caídas que terminaban de una forma trágica. Las corrientes marinas eran tan fuertes que, aunque el obrero sobreviviera a la caída, la corriente lo sumergía, y no lo soltaba hasta que su cuerpo llegaba a las islas Farlan.

A la más mínima señal de viento, se detenía el trabajo en el puente; y, ¿quién ha estado en San Francisco en momentos en que no haya habido viento? El temor estaba haciendo que los mejores constructores de puentes del mundo dejaran de trabajar. Los obreros salían arrastrándose con cuidado y temor por las cubiertas de los cables, y cuando llegaban al lugar donde estaban trabajando, era ya hora de arrastrarse de vuelta para almorzar. Se pasaban la mayor parte del tiempo protegiéndose del viento invisible.

En una reunión de los obreros, se sugirió que se instalara una red de seguridad gigante debajo de la zona donde estaban trabajando. Al fin y al cabo, los equilibristas y los trapecistas trabajaban con una red de seguridad debajo de ellos. Se llevó a cabo de inmediato lo que se había sugerido, y a medida que los trabajadores aprendían a confiar en la red, se pudieron concentrar en el trabajo de construir el puente. Aún se caían, pero la red los atrapaba. Un desliz de una mano, o un pie mal puesto, o una falta de concentración, o una corriente repentina de aire no terminarían con una muerte.

¿Puede identificar usted a estos constructores de puentes? Tenían tanto miedo de dar un paso en falso, cometer un error o que los vientos cambiantes se los llevaran, que no hacían nada. Se pasaban el tiempo protegiéndose, sin arriesgarse en nada; estaban paralizados por lo que "podría" suceder.

Nuestro Padre Dios está plenamente consciente de nuestro deseo de ser "superpapás". Él sabe también que vamos a fallar; que nos vamos a sentir con miedo y paralizados. Sabe que no vamos a ser capaces de hacer las mismas cosas que queremos hacer, así que ha cambiado las reglas del juego. No ha reparado en gastos para proporcionarnos una red de seguridad en su perdón hacia nosotros, si lo queremos aceptar. Cuando perdemos la compostura, quebrantamos nuestras promesas o nos retiramos en silencio, Él nos puede rescatar y sanar nuestro quebrantamiento, si le dejamos que lo haga. Gracias a Jesucristo, podemos levantarnos para comenzar de nuevo. Para los cristianos, nuestro fracaso como padres no es el final de nuestra influencia; en realidad, es el principio. Al volvernos a Dios, les enseñamos a nuestros hijos a hacer lo mismo. Ahora, todos podemos aprender de nuestros fracasos, en lugar de quedar condenados por ellos. Los teólogos le llaman a esto "salvación por gracia, no por obras". Lo llamo "buena noticia". Enterremos el mito del "superpapá" repleto de presiones y dediquémonos a esparcir esa buena noticia.

Querido hijo:

Por algún tiempo, cuando tú eras más joven, yo tuve tanto miedo de decir o hacer algo equivocado, que no decía ni hacía nada. Había oído hablar tanto del daño tan grande que los padres les pueden hacer a sus hijos, que sentía que lo mejor era detenerme, y así lo hice. Me detuve por completo.

En realidad, no hacer nada sólo complicó más las cosas. Si los hijos nunca ven a sus padres cometer errores; si los padres nunca se equivocan, entonces ¿cómo van a aprender ellos a enfrentarse al fracaso en su propia vida? Además, ¿cómo es posible que haya alguien que se pase toda la vida sin cometer ningún error?

No hay fallo que Dios no pueda resolver. Nada puede destruir su red de seguridad. Él es el único "superpapá". Por el bien de tus hijos, deja que te ayude Dios. Acepta su perdón y confía en su red.

Con amor,
Papá

PADRE AMADO:

Dame una conciencia renovada de tu poder transformador. Son tantas las veces que no sé ser el padre que mis hijos necesitan, y el que yo quiero ser, que me siento asustado.

Libérame de la presión que yo mismo me impongo al tratar de ser perfecto. Ayúdame a confesarles mis errores a mis hijos, para que ellos puedan aprender a enfrentarse a sus propios pecados y errores.

Gracias, Padre, por la red de seguridad que tu Hijo nos proporciona. Yo no podría seguir viviendo sin ella. Ayúdame a apreciar lo que Él hace por nosotros.

En el nombre de Jesucristo. Amén.

1. ¿A qué me debo comprometer?

2. ¿Cómo debo actuar?

3. ¿Qué lección les puedo dar a mis hijos?

Y el Dios de esperanza os llene de todo gozo y paz en el creer, para que abundéis en esperanza por el poder del Espíritu Santo.

Romanos 15:13

Póngase en las manos de Dios

Ed entró en mi oficina con una oferta que no pude rechazar.

—Tengo una cometa de las que se usan para volar colgado de ella. ¿Quieres que tratemos de hacerlo?

—No me lo digas dos veces. ¡Claro que sí! —le respondí.

A los pocos minutos, íbamos rumbo de las dunas de arena de Monterrey, un lugar perfecto para los que vuelan en cometa por vez primera, donde el empuje del viento es estupendo y la arena es suave. Cuando llegamos, pude ver toda una fila de cometas, listas para volar, y muchas personas. Aquellas personas tenían todas las formas y tamaños imaginables. Al principio, lo único que hicimos fue sentarnos a observar. Pronto concentré mi atención en un pobre hombre. Debe de haber tratado de despegar media docena de veces. Cada vez terminaba con el rostro en la arena. Seguramente era una tarde para aficionados. Nadie lograba despegar del suelo con su cometa. Corrían con suficiente velocidad, pero Ed me dijo que estaban tratando de obligar a la cometa a volar. Estaban tratando de empujar ellos a la cometa para que ascendiera, en lugar de dejar que fuera ella la que se levantara.

Cuando me llegó el turno, estaba bastante preocupado con la posibilidad de terminar yo también con el rostro en la arena. Ed me hizo unas sencillas indicaciones: "Deja que la cometa sea la que se levante. Limítate a empujar hacia delante la barra y dejarte llevar por la cometa." Como no sé hacer nada diferente, hice exactamente lo que él me decía.

Salí corriendo duna abajo, y en el momento justo, Ed me gritó: "¡Ahora!" Empujé la barra, y para mi sorpresa, la cometa me levantó. Antes de darme cuenta de lo que había sucedido, estaba a treinta metros de altura en el aire. Era increíble. Sentía como si me hubieran salido alas en la espalda. Entonces me vino un pensamiento. Habíamos hablado de cómo despegar, pero nunca habíamos hablado de cómo aterrizar.

Le grité a Ed: "¿Cómo hago para bajar?" Mi emoción del momento había sufrido un cortocircuito por causa de mi preocupación por el aterrizaje. Ed me respondió: "No te preocupes y sigue volando. Lo estás haciendo muy bien." Entonces me gritó unas indicaciones sobre la forma de girar y aterrrizar. "Recuerda —me dijo—, que la arena es suave."

Aterricé sin incidentes, y todo el mundo aplaudió. Simplemente me sentía contento de estar sobre tierra firme.

Aquel día no volé porque yo hiciera volar a la cometa, sino porque cedí ante un poder más fuerte y más alto. Mi habilidad para saltar no tuvo nada que ver con el despegue de mi cometa. Mi éxito dependió por completo de que estuve dispuesto a dejarme llevar por la cometa, y la cometa hizo lo que debía.

Desde entonces he descubierto otros momentos en los cuales mi éxito como padre no ha tenido nada que ver con mis habilidades o mi capacidad. La mayoría de las veces, mi éxito ha dependido de que haya sabido ceder ante Dios. Él nunca me ha fallado.

Necesitaba aquella experiencia con la cometa. Me ayudó a aprender a entregarme. Ahora que miro al pasado, veo que Dios ha usado un buen número de mis experiencias para enseñarme la humildad y el principio de la rendición. ¿Cómo ha aprendido usted cuál es el momento en que hay que rendirse a Él?

Querido hijo:

Tus hijos necesitan ver que tú te rindes ante Dios. Necesitan saber que tú haces lo que Dios quiere, aun cuando no te sientas con deseos de hacerlo. Necesitan saber que tú confías en la palabra de Dios. Cuéntales esta historia:

Un excursionista abrasado por el sol había pasado tres días en el desierto de Mojave sin comida ni agua. Mientras luchaba por alcanzar la sombra de una caseta, temía que aquel lugar se convirtiera en su tumba. Para sorpresa suya, había una bomba de agua escondida junto a la caseta.

En la base de la bomba había una nota escrita a mano, cuidadosamente rayada en el gastado metal. Decía:
"Bajo las piedras que hay en la base de esta bomba, encontrará una jarra con agua. ¡NO SE LA BEBA! La va a necesitar TODA para cebar la bomba. Esta bomba siempre ha dado agua fresca y potable cuando se le ha cebado. Cuando haya usado toda el agua que necesite, vuelva a llenar la jarra y entiérrela para el próximo que venga. Sam del desierto."

El excursionista levantó las piedras con las manos, y allí estaba la jarra, llena de agua. ¿Debía confiar en aquella vieja nota y seguir sus instrucciones? Duro, ¿no es cierto?

Cada vez que confíes en Dios estarás ayudando a tus hijos a desarrollar su legado de fe. Busca formas de hacerlo con frecuencia.

Con amor,
Papá

AMADO SEÑOR:

Todos los días me enfrento al reto de confiar más en ti, de ceder ante tu dirección. Perdóname por esos momentos en los que te ignoro y sigo haciendo lo que a mí me parece. Te agradezco la paciencia que tienes conmigo. Aún tengo mucho que aprender.

Ayúdame a ser paciente con mis hijos. Quiero que confíen en ti más aún que yo, así que ayúdame a enseñarles a hacerlo. Ayúdame a rendirme a tu voluntad y a tu Espíritu con una actitud de gozo.

Ayúdame a ser yo también más digno de confianza.

En el nombre de Jesucristo. Amén.

1. ¿A qué me debo comprometer?

2. ¿Cómo debo actuar?

3. ¿Qué lección les puedo dar a mis hijos?

Y le presentaban niños para que los tocase; y los discípulos reprendían a los que los presentaban. Viéndolo Jesús, se indignó, y les dijo: Dejad a los niños venir a mí, y no se lo impidáis; porque de los tales es el reino de Dios. De cierto os digo, que el que no reciba el reino de Dios como un niño, no entrará en él. Y tomándolos en los brazos, poniendo las manos sobre ellos, los bendecía.

Marcos 10:13-16

La bendición

Tenemos la urgente necesidad de restaurar la bendición paterna. Es un poder misterioso que sólo parece estar a disposición de los padres. La bendición del padre es una conversación significativa y especial. Puede constar solamente de unas pocas frases, o puede llenar toda una tarde. Las palabras describen la visión del padre con respecto a los puntos fuertes, los talentos y los dones de su hijo. El tono es de apoyo. El lugar donde se produce suele ser privado, y los sentimientos, inolvidables. En sus propias palabras, el padre describe una imagen de la madurez presente de su hijo y una visión de lo que podría ser. Es mucho más que unas cuantas palabras positivas; es una conexión del corazón que une al padre con el hijo. Con la bendición, recibimos el poder necesario para pasar la vida cumpliendo con nuestro propósito, en lugar de buscarlo. Sin ella, sólo tenemos una colección de herramientas maravillosas, pero sin que haya una razón para utilizarlas.

El papá de Jerry se lo llevó a un campamento de padres e hijos que se convirtió en esta bendición. "Encontré mi hombría en las charlas junto a la fogata del campamento. Descubrí mis esperanzas y mis sueños, porque él se tomó el tiempo necesario para escucharme. En aquella salida fue cuando comencé a aceptar la responsabilidad por mis propias faltas y fracasos, porque él esperaba que así lo hiciera. Además, adquirí una visión nueva con respecto a mi vida, porque él la había tenido primero. En aquella salida, él me dio su propio espíritu.

Cuando un padre le da esta bendición a su hijo, quedan unidos para toda la vida. Al dar su bendición, el padre le da a su hijo lo mejor de sí mismo, de manera que él pueda alcanzar su potencialidad al máximo."

Hay muchos padres jóvenes que andan buscando aún su propia bendición. Nunca la recibieron de su padre, de manera que buscan otra persona que vea algo bueno en ellos y en su futuro, y esté dispuesta a decírselo. Sin la bendición, el hombre se siente incompleto. Nunca está satisfecho, y lo persigue la sensación de que nunca ha hecho lo suficiente para que lo amen.

Cuando nos sentimos verdaderamente bendecidos por nuestro padre, tenemos energía para vivir. Dios le daba una bendición a Jesús cada vez que hablaba desde el cielo.

En primer lugar, Dios **reclamó como suyo** a Jesucristo. "Éste es mi Hijo", dijo. En nuestro lenguaje, esto se traduce así: "¿Conoce a mis hijos? Hijo, ponte de pie. Hija, saluda. Si reunieran en un grupo gigantesco a todos los hijos del mundo, yo buscaría hasta encontrarlos. Ustedes forman parte de esta familia."

En segundo lugar, Dios **manifestó su amor** por Jesucristo. "Éste es mi Hijo amado." La traducción dice lo mismo: "Te amo, hijo." Debe ser importante que digamos estas palabras. Al fin y al cabo, Dios mismo las dijo.

En tercer lugar, Dios **demostró su apoyo** a Jesucristo. "Éste es mi Hijo amado, en quien tengo complacencia." Pensémoslo de esta forma: "Me gusta la forma en que está llevando su vida. Me gusta la forma en que está creciendo, y en lo que se está convirtiendo." Señálele a su hijo las direcciones positivas que ha tomado en su vida. Eso es mucho más eficaz que señalarle las malas.

En cuarto lugar, Dios **escuchó** a Jesucristo. "Éste es mi Hijo amado, en quien tengo complacencia; a él oíd." Hoy diríamos: "Espera, dime lo que piensas de esto. Tú siempre tienes algo bueno que decir. Me gusta escuchar tus ideas."

Todos los hijos están esperando la bendición: que se les reclame para sí, se les manifieste amor, se les apoye y se les escuche. Que comience la restauración.

Querido hijo:

En realidad, nunca te he hablado antes de estas cosas.

Tú me has ayudado a convertirme en un hombre mejor, y me has ayudado a acercarme más a nuestro Padre Dios.

Te quiero agradecer los sacrificios escondidos que nadie ve nunca; las cosas que haces cuando las puertas están cerradas.

He observado que te estás convirtiendo en un hombre más protector. Veo un aspecto de tu persona que es delicado y sensible, y me agrada mucho.

Tú estás cada día en mis oraciones.

Me siento orgulloso de que seas hijo mío. Veo la persona en que te estás convirtiendo. Veo esa personalidad, veo ese corazón, y es bueno lo que veo.

Tú eres el próximo capítulo en la continuidad de la historia de nuestra familia. Escribe tu capítulo de una manera poderosa.

Estas bendiciones son para ti y para tus hijos.

Con amor,
Papá

SEÑOR AMADO:

Gracias por ayudarme a comprender mejor esto de dar una bendición. Aún necesito saber que soy bendecido, de la misma forma que mis hijos lo necesitan.

Ayúdame a tomar la costumbre de bendecir a mis hijos. Ayúdame a ver lo bueno que hay en ellos, y a ver las personas en las que se están convirtiendo. Ayúdame a darme cuenta de sus puntos fuertes, aun antes que ellos los conozcan. Ayúdame a encontrarlos haciendo cosas buenas para los demás, y a animarlos a seguir haciendo esas cosas.

Y ayúdame a orar por ellos a diario.

En el nombre de Jesucristo. Amén.

1. ¿A qué me debo comprometer?

2. ¿Cómo debo actuar?

3. ¿Qué lección les puedo dar a mis hijos?

Y si mal os parece servir a Jehová, escogeos hoy a quién sirváis; si a los dioses a quienes sirvieron vuestros padres, cuando estuvieron al otro lado del río, o a los dioses de los amorreos en cuya tierra habitáis; pero yo y mi casa serviremos a Jehová.

Josué 24:15

Las palabras correctas

En 1953 un extraño e insignificante personaje llamado Eugene Orowitz, estudiante de segundo año de secundaria que apenas pesaba cuarenta y cinco kilos, hizo un descubrimiento que cambió su vida. Eugene asistía a la escuela secundaria de Collinswood, y era buen estudiante en cuanto a notas se refiere, pero en todos los demás aspectos luchaba con desesperación por encontrar alguna forma de ser aceptado.

Aquel día fue un día más hasta que su clase de gimnasia salió a la pista de carreras de la escuela. Hicieron salto de obstáculos, salto largo y salto de pértiga. Eugene quedó el último en todas aquellas pruebas.

Entonces pasaron al lanzamiento de jabalina. Mientras tomaba en la mano la resplandeciente lanza de metal, pudo oír que sus compañeros le decían entre risas: "Ten cuidado no te hieras." A pesar de esto, con aquella lanza en la mano, Eugene se imaginó que era un soldado romano a punto de entrar en la batalla. Levantó la jabalina sobre la cabeza, dio siete pasos cortos y la soltó. Su lanzamiento fue fuerte y recto. En realidad, después de volar más de quince metros, se fue a estrellar contra unas gradas vacías. Nadie podía creer lo que el pequeño Orowitz había hecho. Aquel tiro era el doble que el mejor hecho en ese día.

Cuando corrió a recoger la jabalina, se encontró con que la punta se había roto contra las gradas. Esperando tener que correr unas cuantas vueltas a la pista como castigo, le llevó de vuelta la jabalina al maestro.

"No te preocupes. Quédate con ella", le dijo el entrenador aún sin poder creerlo.

Eso fue lo que hizo Eugene. Se la llevó a su casa, y nunca la perdió de vista. Cuando estaba en último año de secundaria, tiraba la jabalina a sesenta y cuatro metros, el mejor lanzamiento entre todos los alumnos de secundaria del país.

Después, Eugene pasó a la Universidad del sur de California, con el sonido de estas palabras de su padre en los oídos: "Cuando se te presente la oportunidad, hazlo." Tenía una beca de estudios como atleta de pista, y tenía toda la intención de participar en las siguientes Olimpíadas... Un día en que no había hecho el calentamiento previo en la forma debida, se rasgó los ligamentos del hombro y descubrió que nunca podría volver a lanzar la jabalina. Renunció a su beca y al sueño de las Olimpíadas, pero no a lo que le había dicho su padre.

Se dedicó al teatro, y comenzó a tener los mismos sentimientos que cuando lanzó aquella jabalina por vez primera. Después de unos cuantos años en la escuela de artes dramáticas, y de representar pequeños papeles, Eugene se cambió el nombre. Se puso Michael Landon y comenzó una carrera que transformaría su vida, haciendo el papel de Joelito Cartwright en la serie *Bonanza*.

En una entrevista hecha para un noticiero pocos días antes de su muerte, Michael Landon habló de nuevo sobre las palabras de su padre. "Cada vez que pienso en lo que hacía que aquel muchacho escuálido recogiera aquella jabalina, sé que había una razón. Mi padre estaba allí, en el campo de aquella escuela, susurrándome: Cuando se te presente la oportunidad, hazlo."

Déjeles a sus hijos algunas palabras que los ayuden a vivir. ¿Es usted un padre cuyas palabras ellos puedan citar?

Querido hijo:

Tus palabras dejan una impresión duradera. Haz planes para dejar algunas que tus hijos recuerden durante toda su vida. No tienen que ser complicadas. En realidad, me gusta algo como "La vida va mejor cuando se dice la verdad."

Recuerdo una ocasión en que mi padre me hizo unas preguntas acerca de un jarrón roto. No estaba seguro de que él supiera que había sido yo. Pensé en negarlo, y salir del paso, pero papá siempre había insistido mucho en que hay que decir la verdad. Aún lo puedo escuchar diciendo: "La vida va mejor cuando se dice la verdad."

Sé que él quería que yo dijera la verdad, pero me estaba arriesgando a recibir un castigo físico. No había otra cosa que hacer, más que responsabilizarse por el jarrón roto.

Creo que me abrazó. Era como si hubiera pasado el examen. Ni siquiera me castigó por haber roto el jarrón, porque estaba muy complacido de que yo hubiera dicho la verdad.

A partir de aquel momento, me decidí a tomarme mis riesgos con la verdad, aunque lo cierto es que esa decisión ha sido retada innumerables veces desde entonces.

¿Qué palabras de sabiduría quieres que recuerden tus hijos? Escríbelas en una tarjeta y léelas todos los días. Entonces pídele a Dios la oportunidad de citarte a ti mismo.

Con amor,
Papá

AMADO SEÑOR:

Ayúdame a encontrar y decir las palabras que mis hijos van a recordar.

Ayúdame a recordar tus consejos, tus promesas y tus palabras.

Ayúdame a pasar más tiempo leyendo tu "Diario". Necesito conocer mejor tus palabras para poder tener las palabras correctas para mis hijos. Gracias porque me has dado unos hijos que están dispuestos a escuchar mis palabras, y que van a recordar lo que yo diga. Ellos son una bendición para mi vida.

En el nombre de Jesucristo. Amén.

1. ¿A qué me debo comprometer?

2. ¿Cómo debo actuar?

3. ¿Qué lección les puedo dar a mis hijos?

Escucha, pueblo mío, mi ley; inclinad vuestro oído a las palabras de mi boca. Abriré mi boca en proverbios; hablaré cosas escondidas desde tiempos antiguos, las cuales hemos oído y entendido; que nuestros padres nos las contaron. No las encubriremos a sus hijos, contando a la generación venidera las alabanzas de Jehová, y su potencia, y las maravillas que hizo. Él estableció testimonio en Jacob, y puso ley en Israel, la cual mandó a nuestros padres que la notificasen a sus hijos; para que lo sepa la generación venidera, y los hijos que nacerán; y los que se levantarán lo cuenten a sus hijos, a fin de que pongan en Dios su confianza, y no se olviden de las obras de Dios; que guarden sus mandamientos.

Salmo 78:1-7

La formación del carácter

En un seminario les pedí a un grupo de participantes que escribieran el principal valor que les querían enseñar a sus hijos. La respuesta de una inmensa mayoría fue *un sentido personal de lo correcto y lo incorrecto. Una fe personal* y *el interés por los demás* fueron los otros dos valores importantes. ¿Qué habría respondido usted?

Los padres quieren hijos con una personalidad fuerte, y con el valor suficiente para mantenerse firmes en sus convicciones. Sin embargo, parece haber escasez de jóvenes con personalidad fuerte. Nosotros podemos cambiar drásticamente esta situación, si hacemos lo siguiente:

1. **Consagrarnos a nuestro matrimonio.** Una de las rutas más seguras para la formación de una personalidad fuerte en los hijos es la de devolverle al matrimonio su condición de consagración a una relación de por vida.

2. **Ser fieles a los demás.** Su familia necesita un principio unificador más fuerte que el de "hacernos felices mutuamente". Las familias necesitan tener un propósito que vaya más allá de ellas mismas; un llamamiento que exija el negarse a sí mismas: servir a los demás, expresar su fe o ayudar a los desamparados.

3. **Consagrarnos al Señor.** Los hijos con personalidad fuerte se crían en los hogares donde la consagración religiosa es importante. Estos hogares están edificados sobre tradiciones y ritos. El único rito diario que se suele practicar en la mayoría de los hogares es el de "ver la televisión". Esto tiene que cambiar.

4. **Defender lo que es justo.** Cuando los padres deciden cuáles son los principios que su familia sostiene, cuál es su misión, cuál es su propósito, entonces disminuyen los problemas de disciplina. El carácter regresa y florece. ¿Cuáles son los principios que usted sostiene?

5. **Reavivar la práctica de leer en familia.** Y no eliminarla cuando los hijos tengan edad suficiente para leer solos. Las conversaciones van a ser mejores que cualquier programa de televisión. Además, los tiempos en familia se volverán una inspiración, y no una terapéutica.

6. **Dar buen ejemplo.** Busque las formas de enseñar la moralidad mediante su propia forma de vivir.

Tom Nichter andaba dando vueltas por un centro comercial de Buena Park, California, con su esposa Pauline y su hijo Jason. Tom llevaba cinco meses sin trabajo, pero la familia iba sobreviviendo. En medio de su búsqueda diaria de alimentos, encontraron una billetera que contenía un pasaje de avión valorado en $1,500, un fajo de billetes de a $100 y varias tarjetas de crédito. Para sorpresa del sargento encargado, la familia Nichter entró en la estación local de policía para devolverlo todo, dinero incluido.

El turista que había perdido la billetera los recompensó con un apretón de manos. Sin embargo, después que la historia llegara a las estaciones de radio y de televisión y a la prensa, un donante anónimo les envió casi $10,000, y un agente local de bienes raíces les ofreció seis meses sin pagar alquiler en un apartamento.

"No hicimos más que cumplir con nuestro deber—dijo Pauline—. Habríamos podido usar aquel dinero, aunque fuera una pequeña parte de él. Sin embargo, no nos habían educado así, y no queríamos educar así tampoco a nuestro hijo. Queríamos que Jason aprendiera a distinguir lo correcto de lo incorrecto. ¿Qué otra cosa habríamos podido hacer?

¿Le parece que Jason Nichter va a olvidar alguna vez esa lección acerca del valor que hace falta para ser fiel a las convicciones propias?"

Querido hijo:

En mis tiempos, cuando un maestro quería hablar con mis padres acerca de mis actitudes, eso solía significar que le agradaban, aunque mis notas no estuvieran a la altura de mis posibilidades. Ahora, si un muchacho tiene una actitud, suele ser una actitud negativa. Cuando alguien hablaba de mi carácter, quería decir que era honrado, digno de confianza y bondadoso. Ahora, los que tienen carácter es porque se atreven a ser comediantes, o a ser los bravucones de la clase.

Ya va siendo hora de que vuelva a resucitar el carácter en su verdadero sentido, pero eso nunca va a suceder sin ti y sin los demás padres. Sin el liderazgo de los padres, nunca tendrá lugar el despertar del carácter que tanto necesita nuestra sociedad. Te va a exigir tu tiempo, tu influencia, tus enseñanzas, tus relatos y tu entrega a la acción. Junta un grupo de padres, y pídanle a Dios que los ayude a comenzar una resurrección del carácter en sus familias, su iglesia y su comunidad.

Voy a estar orando todos los días por ti y por tus hijos. Te ruego que te unas a mí.

Con amor,
Papá

AMADO PADRE:

Ayúdame a ponerles en el corazón a mis hijos unas convicciones morales profundamente arraigadas. Después de eso, concédeles el valor necesario para vivir de acuerdo con esas convicciones. Los están presionando por todas partes, Señor, y los van a retar. Ayúdalos a hallar la valentía que necesitan para mantenerse firmes en sus convicciones.

Y ayúdame a mí también, Señor. Necesito valor para vivir de acuerdo con tu voluntad.

Ayúdame a hallar un grupo de hombres que se me quieran unir en oración para pedirte un despertar del carácter moral en nuestra sociedad, y ayúdanos a lograr que otros hagan lo mismo.

En el nombre de Jesucristo. Amén.

1. ¿A qué me debo comprometer?

2. ¿Cómo debo actuar?

3. ¿Qué lección les puedo dar a mis hijos?

Honra a tu padre y a tu madre, que es el primer mandamiento con promesa; para que te vaya bien, y seas de larga vida sobre la tierra.

Efesios 6:2, 3

Comparta su legado

Mi padre era alcohólico, aunque asistía a la iglesia. Sólo tuvo ocho años de estudios formales, pero traía a casa su salario y pagaba las cuentas. Nunca golpeó a nadie, pero pocas veces estuvo presente mientras nosotros crecíamos. Solía estar ebrio, dormido o en el trabajo. Parece como que se ponía peor en las ocasiones especiales, como los cumpleaños, el Día de acción de gracias y la Navidad. En esos días, solía estar lo suficientemente ebrio como para montar un espectáculo.

Nunca bebía en una barra. No salía a beber con sus amigos. Escondía sus botellas en el armario del garaje o debajo del asiento delantero del auto. Durante mis años de primaria, me sentía apenado y avergonzado. En tercer año de secundaria me volví airado y resentido.

Por fin llegué al punto de odiar su botella, odiar su forma enredada de hablar y odiarlo a él. Cuanto más expresaba mi amargura, tanto más bebía él. ¿Por qué tenía que beber? ¿Por qué no podíamos ser como las demás familias? ¿Por qué no podía dejar de beber? Yo tenía muchas preguntas, pero todas carecían de respuesta.

Durante veinticinco años, papá fue alcohólico sin aceptar que lo era, y el muro entre nosotros dos se hizo cada vez más grande y más ancho.

Hasta 1978, yo estaba convencido de que papá no me había enseñado nada; de que había crecido sin que se me dieran el tiempo y la sabiduría a los que tenía derecho, y estaba decidido a no caer en la culpa de hacer yo lo mismo. Entonces sucedió lo imposible. Él entró por decisión propia en un centro de tratamiento, pasó treinta y cinco días aprendiendo a ser sobrio y nunca volvió a beber. Los cuatro años siguientes fueron dedicados a reconstruir con cautela nuestras relaciones quebrantadas.

El 29 de octubre de 1980 falleció papá. Recuerdo que me fui hasta su taller de trabajo. Allí, en aquel pequeño cuarto lleno de cosas, sentí su presencia. Durante horas, hablé con Dios como si papá estuviera también presente.

Le hablé de mis temores, de mi resentimiento, de mis fracasos, y mi sensación de que me habían dejado atrás. Derramé todos aquellos sentimientos de angustia. Mientras hablábamos, aquel cuarto se convirtió en mi propio trastero. Cuando salí de él, salí libre. Dios había tomado todo el resentimiento y la amargura que yo había estado acumulando, para encerrarlos dentro de las paredes del pequeño taller.

Aún echo de menos a mi padre, pero ahora me doy cuenta de que yo mismo soy su legado. Estoy vivo para contar su historia; en realidad, yo soy el segundo volumen de esa historia. Usted también es el legado de su propio padre. Su tarea consiste en hallar lo mejor de tres generaciones: la de él, la suya y la de sus hijos. Entonces, una vez que lo haya hallado, relatarle a alguien la historia.

Querido hijo:

No permitas que tus hijos olviden a sus abuelos. Háblales de nosotros y háblales también de sus bisabuelos. Háblales de nuestros fracasos y de nuestros éxitos. Sé sincero. Al contarles nuestras historias, nos honras y nos extiendes la vida. Háblales de nuestras aventuras, nuestros momentos más embarazosos, nuestras crisis, nuestras victorias, nuestras esperanzas, nuestros sueños, nuestros parientes más extraños y nuestra valentía.

Reúnenos a todos para un fin de semana dedicado a contar relatos familiares y graba en cinta los nuestros. (Apresúrate, antes que se nos olviden algunas de las cosas mejores.) En la reunión siguiente, haz una producción de video. A tus hijos les encantará.

Haz que ellos nos entrevisten acerca de cómo eran las cosas cuando nosotros éramos jóvenes. Eso nos exigirá a nosotros que recordemos aquellos tiempos, y ellos pasarán un buen rato. En realidad, sería divertido que nos dejaras entrevistarlos nosotros a ellos también.

Toma montones de fotografías, y saca doble copia de todas. Nosotros haremos lo mismo. Las fotografías nos ayudan a contar las historias más recientes. Al fin y al cabo, la vida sigue adelante, y la historia de nuestra familia se sigue escribiendo aún.

Gracias por mantener vivo nuestro legado.

Con amor,
Papá

AMADO SEÑOR:

Gracias por mi padre; por sus puntos fuertes y por sus puntos débiles. Gracias por hacerme a mí una extensión de su vida. Dame oportunidades para hablarles de él a mis hijos; de sus aventuras, de sus luchas y de sus victorias. Él fue quien hizo posible que yo te conociera, y por eso le estoy eternamente agradecido.

Ayúdame a actuar de tal forma, que mis hijos encuentren gozo en honrarme. Ayúdalos a ellos a recordarme de manera positiva mucho tiempo después que me haya marchado de este mundo.

Gracias por darnos un legado de amor.

En el nombre de Jesucristo. Amén.

1. ¿A qué me debo comprometer?

2. ¿Cómo debo actuar?

3. ¿Qué lección les puedo dar a mis hijos?

Os rogamos, hermanos, que reconozcáis a los que trabajan entre vosotros, y os presiden en el Señor, y os amonestan; y que los tengáis en mucha estima y amor por causa de su obra. Tened paz entre vosotros. También os rogamos, hermanos, que amonestéis a los ociosos, que alentéis a los de poco ánimo, que sostengáis a los débiles, que seáis pacientes para con todos. Mirad que ninguno pague a otro mal por mal; antes seguid siempre lo bueno unos para con otros, y para con todos. Estad siempre gozosos. Orad sin cesar. Dad gracias en todo, porque esta es la voluntad de Dios para con vosotros en Cristo Jesús. No apaguéis al Espíritu. No menospreciéis las profecías. Examinadlo todo; retened lo bueno. Absteneos de toda especie de mal. Y el mismo Dios de paz os santifique por completo; y todo vuestro ser, espíritu, alma y cuerpo, sea guardado irreprensible para la venida de nuestro Señor Jesucristo. Fiel es el que os llama, el cual también lo hará.

1 Tesalonicenses 5:12-24

El dolor como aprendizaje

Espero no tener que enfrentarme nunca a la tragedia por la que pasó Gary Lee, pero he aprendido de él, y de su dolor. Creo que usted también aprenderá. El hijo de Gary, un jovencito de dieciséis años que estaba en el penúltimo año de secundaria, era callado y tímido. Sus maestros decían que les gustaba tenerlo de alumno porque tenía muy buen carácter y nunca provocaba desórdenes en clase. Sin embargo, también comentaban que no era aplicado en los estudios, y que con frecuencia dejaba vagar la imaginación.

El hijo de Gary tenía una lucha continua con las matemáticas. Apenas logró pasar álgebra I y geometría con un gran esfuerzo que incluyó conferencias, obligarlo a terminar sus tareas y numerosas sesiones de consejería. Entonces, cuando suspendió el primer semestre de álgebra II por no haber hecho sus tareas, le dijeron que tenía que mantener un promedio de Aprovechado, o de lo contrario le exigirían que tuviera un maestro particular.

El 4 de febrero, el hijo de Gary recibió la noticia de que había suspendido el álgebra. Gary se sintió enojado y frustrado, porque su hijo ni siquiera hacía sus tareas. "Le dije que le iba a conseguir un maestro particular —contaba Gary—, y él se marchó del cuarto visiblemente enojado y deprimido." Más tarde, Gary aceptó la sugerencia de su hijo de que hicieran la tarea juntos, en lugar de conseguir el maestro. Acordaron comenzar la tarea tan pronto como terminaran de cenar.

Gary salió del cuarto y fue a la cocina. Menos de cinco minutos más tarde, un solo disparo lo cambió todo.

"Nunca sabré —decía Gary llorando—, por qué mi hijo se quitó la vida. Nunca me habló de sus sentimientos, o de si había otros acontecimientos que lo perturbaran. Tampoco les habló de sus sentimientos a otros miembros de la familia, a los maestros, ni siquiera a sus mejores amigos. He aprendido de la manera más dura que no siempre se los puede proteger, y que la experiencia no se puede enseñar. Tenemos que dejar que nuestros hijos cometan sus propios errores y aprendan con ellos, tal como nos pasó a nosotros. Si les decimos a nuestros hijos lo mucho que los amamos y lo orgullosos que estamos de ellos a pesar de sus errores e imperfecciones, quizás eso los ayude a pasar por los momentos difíciles. Dígales a sus hijos lo importantes que ellos son para usted, y lo mucho que los ama. Dígaselo con frecuencia."

Gary siente aún el dolor de saber que las últimas palabras que le dirigió a su hijo fueron las palabras que provocaron su muerte. Si él hubiera conocido los sentimientos de su hijo, sus palabras habrían sido diferentes, y el muchacho nunca se habría sentido solo en su desesperación.

"En cuanto a mi hijo —dice Gary—, ahora sólo puedo decir unas palabras que habrían significado mucho cuando él estaba vivo, pero que ahora parecen vacías y carentes de sentido: Kevin, te quiero, y lo siento."

Necesitamos oír esas palabras. Necesitamos oír las palabras de unos padres que hayan experimentado las angustias de la vida, porque podemos aprender mucho de ellos, sin tener que pasar nosotros por esos valles. Ellos las quieren compartir con nosotros; quieren que sus historias dejen en nosotros una huella capaz de cambiar nuestra vida. Gary ha sabido hacerlo.

Querido hijo:

He estado almorzando dos veces al mes con Cecil, un amigo de mucho tiempo. Compartimos una buena comida, un humor sano, y nuestra amistad. Él conoce mis sentimientos, mis opiniones, mis sueños, mis creencias, mis temores y mis fracasos. Es un gran amigo. Hemos hablado acerca de los problemas, los trabajos, la familia y el Señor. Cuando uno de nosotros se enfrenta a una crisis, el otro siente la presión. Este tipo de amistad es extremadamente valioso. No se encuentra con frecuencia.

Escuchamos. Damos ánimo. Nos rendimos cuentas el uno al otro. Compartimos recursos. Y, a lo largo de los años, nuestras familias han llegado a compartir juntas la tradición del Año Nuevo. Cada cual ayuda al otro a sacar lo mejor de sí mismo, y yo necesitaba eso.

Cuando nos golpea la tragedia; cuando la vida parece derrumbarse alrededor de mí, Cecil me ayuda a sentir la mano de Dios. Me ayuda a buscar el otro lado de la moneda; una perspectiva diferente. Le doy gracias a Dios por eso.

Tú necesitas un amigo así. Por supuesto que tu esposa debe ser tu amiga, pero hay momentos en los que necesitas este tipo de relación con otro hombre. Tómate el tiempo para dedicarte a algo más profundo que las conversaciones superficiales sobre los deportes, la caza o el trabajo. Encuentra un buen amigo como Cecil, y tu familia recibirá la bendición. Además, vas a aprender mucho acerca de ti mismo.

Con amor,
Papá

DIOS AMADO:

Necesito hombres fieles que me ayuden a vivir de la forma en que tú me has llamado a vivir. Te ruego que me des hermanos que me estimen, me den ánimo y me reten. Necesito hombres a los que pueda rendir cuentas. Te ruego que envíes pronto a mi vida a un hombre o un grupo de hombres así.

Me siento agradecido por mi esposa y por nuestra amistad siempre creciente, pero necesito hermanos que me ayuden a convertirme en lo que tú quieres que sea. Algunas veces me hace falta una advertencia, otras un ejemplo, y otras mucho ánimo. Gracias por hacer de la iglesia el lugar donde puedo hallar a estos hermanos.

Señor, a medida que crezcan mis hijos, ayúdalos a encontrar amigos que los animen a permanecer cerca de ti.

En el nombre de Jesucristo. Amén.

1. ¿A qué me debo comprometer?

2. ¿Cómo debo actuar?

3. ¿Qué lección les puedo dar a mis hijos?

Pero he aquí que yo la atraeré y la llevaré al desierto, y hablaré a su corazón. Y le daré sus viñas desde allí, y el valle de Acor por puerta de esperanza; y allí cantará como en los tiempos de su juventud, y como en el día de su subida de la tierra de Egipto.

Oseas 2:14-15

Un romance con la madre de sus hijos

Cuando yo estaba recién casado, estaba convencido de que el romance no era más que el primer paso hacia las relaciones sexuales. Conocía por lo menos dos o tres más que pensaban lo mismo. Después de unas cuantas desilusiones y algunas acaloradas discusiones, terminé descubriendo otra perspectiva: la de mi esposa. Para ella, ser romántico era tocarla de formas no relacionadas con la vida sexual, frotarle la espalda, rozarle una mejilla, peinarla, planear una merienda en el campo y hacerme cargo de los detalles, y sorprenderla cuando menos se lo esperara.

El romántico hace lo que sea necesario para limpiar las telarañas de su corazón y decir sentidas palabras como las que siguen (y decirlas con frecuencia):

"Ponte tu mejor vestido. Te voy a llevar a una sorpresa esta noche."

"Vamos a salir a caminar. Nosotros dos solos."

"Tú eres siempre muy considerada (comprensiva, amorosa)."

"Me encantan tus ojos (cabello, piernas, piel)."

"Tú eres la mejor esposa que puede esperar un hombre. Eres mi mejor amiga."

"Cuando pienso en ti, siento algo muy agradable."

"Te estoy llevando el auto a ponerle neumáticos nuevos, porque no quiero que tengas problemas de ruedas pinchadas cuando lo estés usando."

"Voy a hacer unos encargos. ¿Necesitas que te consiga algo mientras estoy fuera?"

"Es una cosa muy sencilla que te traje para decirte que te amo."

El hombre romántico siempre ayuda a su esposa a recordar

que él la ama hoy más que el día en que se casaron. Un román-tico acababa de comprar el auto de sus sueños. Su esposa se lo llevó para hacer un encargo y tuvo un accidente con otro auto. Con lágrimas en los ojos, salió del auto para ver los daños. No tenía idea de cómo iba a poder enfrentarse a su esposo.

El dueño del otro auto le pidió la inscripción y la informa-ción del seguro, así que ella abrió la guantera y encontró una nota unida a los documentos que necesitaba. La nota, escrita con una letra muy masculina, decía:

"Mi amor, en caso de accidente, recuerda que a quien amo es a ti, y no al auto."

Ésa sí era una nota romántica.

Lo más importante que un padre joven puede hacer por sus hijos es amar a la madre de ellos. Nada fortalece más la seguri-dad de un niño que saber que sus padres están realmente ena-morados, y nada influye más en la idea que tenga el niño sobre el matrimonio que el matrimonio de papá y mamá.

Saque a su esposa una vez por semana; asegúrese de que salen de la casa y hacen algo juntos, sin los niños. No tiene que costar dinero, pero sí le tiene que costar su tiempo y su presencia, su corazón y su entrega. Y haga usted mismo todos los arreglos.

Escríbale notas, no sólo para el aniversario de bodas, el cumpleaños, Navidad o el día de los enamorados, y no sólo una tarjeta de las que se compran en la tienda, sino una nota hecha por usted: corta, sencilla y firmada.

El romance sólo es romance cuando es una sorpresa. Haga algo sorprendente. Vuelva a poner un poco de chispa, un poco de emoción, en ese matrimonio joven.

Querido hijo:

Unos consejos.

Cuando tu esposa llegue a casa con un nuevo peinado, no le digas: "¿Qué te hiciste en el pelo?" Ni tampoco: "Vaya, ahora te ves mejor."

Cuando te diga que tu costumbre de dejar la ropa interior sucia en el suelo a medio metro del cesto de la ropa la está volviendo loca, no le digas que tu mamá nunca se quejaba de eso.

Cuando ella esté en la cocina, echando los espaguetis en el colador para quitarles el agua, bajándoles el fuego a las legumbres que está hirviendo, cortando la lechuga para la ensalada, caminando hacia el horno de microondas que anuncia que ya terminó, y hablando con su mamá por teléfono, si tu hija de año y medio anuncia desde el cuarto contiguo que tiene que ir al baño, no le respondas: "Ve a decírselo a mamá."

Cueste lo que cueste, haz algo ahora mismo para romper el silencio. Aprende a ser sorprendentemente romántico.

Con amor,
Papá

AMADO SEÑOR:

Ayúdame a mantener vivo el romance en mi matrimonio. Ayúdame a encontrar las palabras necesarias para explicar mis deseos y mis necesidades. Ayuda a mi esposa a comprender lo que yo digo y lo que no puedo decir.

Te ruego que mantengas emocionante y realizadora la parte sexual de nuestro amor, pero ayúdame también a encontrar formas de mantener la parte sentimental de nuestro amor igualmente emocionante.

Señor, enséñame a hablarle a mi esposa de mis sueños, mis temores, mis intenciones y mis sentimientos. Y ayúdanos a convertir las tensiones y los problemas de nuestra familia en una "puerta de esperanza". Ayúdanos a hallar placer el uno en el otro, tal como fue tu intención.

Entonces, Señor, ayúdanos a mostrarles a nuestros hijos cómo deben ser el romance y el matrimonio.

En el nombre de Jesucristo. Amén.

1. ¿A qué me debo comprometer?

2. ¿Cómo debo actuar?

3. ¿Qué lección les puedo dar a mis hijos?

Bendito sea el Dios y Padre de nuestro Señor Jesucristo, Padre de misericordias y Dios de toda consolación, el cual nos consuela en todas nuestras tribulaciones, para que podamos también nosotros consolar a los que están en cualquier tribulación, por medio de la consolación con que nosotros somos consolados por Dios. Porque de la manera que abundan en nosotros las aflicciones de Cristo, así abunda también por el mismo Cristo nuestra consolación. Pero si somos atribulados, es para vuestra consolación y salvación; o si somos consolados, es para vuestra consolación y salvación, la cual se opera en el sufrir las mismas aflicciones que nosotros también padecemos. Y nuestra esperanza respecto de vosotros es firme, pues sabemos que así como sois compañeros en las aflicciones, también lo sois en la consolación.

2 Corintios 1:3-7

Un reto a su esperanza

E20 de junio de 1985, Jack Carter, su hijo Dave y sus nietos Dustin y Caleb, fueron al parque de Yellowstone para tener en sus bosques el campamento que habían estado deseando durante mucho tiempo. Mientras atravesaban el lago en un bote, surgió una gran tormenta, y el viento y las olas le dieron vuelta al bote a setenta metros de la orilla. Se encontraron separados, metidos en un agua a poco más de cero grados de temperatura, y tratando de nadar hacia la orilla, al mismo tiempo que el viento y las olas los apartaban de ella.

Jack vio a Dustin a unos pocos metros de él, y lo logró asir de un cojín flotante de uno de los asientos. Se mantuvieron juntos asidos de él. Desde aquel momento, Jack nunca volvió a ver a Dave ni a Caleb.

"Yo sabía que el agua fría ya había adormecido a Caleb", diría Jack más tarde.

Por unos instantes, las olas parecieron más pequeñas, y ambos se acercaron lentamente a la orilla. Dustin estaba aún despierto, portándose con valentía.

Decía una y otra vez: "Abuelo, vamos a llegar. Sé que vamos a llegar." Entonces sus palabras se hicieron más confusas y menos frecuentes. Jack lo obligó a seguir hablando y a mantener los ojos abiertos. Dustin lo intentó con valentía durante un buen tiempo, pero el agua casi congelada terminó por dormirlo a él también. Jack trató de mantenerle la cara fuera del agua, con la esperanza de poderlo revivir cuando llegaran a la orilla.

Jack recordaría después: "Yo tenía el brazo derecho descansando sobre el cojín y sostenía a Dustin con la mano derecha. Estábamos a escasos metros de la orilla, cuando las olas me arrebataron el cojín.

Hice lo que pude por no perder a Dustin, pero no pude cerrar mis dedos sobre su ropa."

Una ola tiró a Jack contra un árbol medio sumergido, y allí descansó. Había estado en el agua cerca de tres horas, y ya había oscurecido cuando por fin se logró mover a lo largo del árbol y sintió piedras debajo de los pies. Totalmente exhausto, se arrastró tierra adentro, lo suficiente como para encontrar refugio entre dos árboles caídos. La esfera luminosa de su reloj pulsera indicaba que eran poco más de las once.

A la mañana siguiente, Jack llegó dando tumbos a la cabaña de unos patrulleros, y en menos de una hora estaba en el hospital de Yellowstone. Se encontraron en seguida los cuerpos sin vida de los muchachos. En cambio, pasaron dos semanas antes que se recuperara el cuerpo de Dave.

"Observé casi con indiferencia a los médicos y las enfermeras, mientras trataban de restaurar las circulación y la temperatura en mi cuerpo —recuerda Jack—. Parecía interesarles mucho más que a mí. De cuando en cuando, alguien decía algo acerca de mi fuerza y de que esa fuerza me había salvado. Yo estaba demasiado débil para decirles lo equivocados que estaban. Sólo podía recordar lo inútiles que habían sido mis esfuerzos. Aún podía ver el rostro de Dustin hundiéndose en el agua cuando mis fuerzas habían fallado. Mi fuerza no ayudó a nadie."

En pocas horas, una de las hijas de Jack, su esposo, una sobrina y un sobrino estaban junto a él. Su presencia impidió que Jack cayera en la desesperación total.

Al día siguiente, mientras Jack se encontraba en el aeropuerto de Cody, esperando a ser transportado a su casa, se encontró con Marsha, la esposa de Dave, y su padre, que llegaban para hacer los arreglos finales con respecto a los difuntos. El abrazo de aquellos momentos ayudó a aliviar gran parte de la carga que sentía Jack.

Al recordar esta terrible tragedia, Jack no ve ninguna explicación razonable para su supervivencia. Creo que él sigue con vida para compartir esta historia y darnos esperanza. Si Dios puede ayudar a la gente en momentos como ésos, también puede ayudar a la familia de usted a pasar por la situación que sea.

Querido hijo:

He aprendido que Dios es mi mayor fuente de ayuda cuando me golpean los tiempos realmente duros. Cuando llego al final de mis fuerzas, Dios siempre está allí conmigo. A lo mejor no comprendo los "porqués", pero hace mucho tiempo que prometí confiar en Él, y eso es lo que hago. Quizá nunca entienda el "porqué" de las cosas, pero he llegado a aceptar esto.

Espero que tu confianza en Dios te ayude a encontrar esperanza cuando las circunstancias parezcan desesperadas. He descubierto que, por trágicas que sean las circunstancias, Dios siempre enciende una vela de esperanza.

Con amor,
Papá

AMADO DIOS:

Tú sabes que no me gustan los tiempos difíciles. No me gustan el dolor y la angustia. Y hay momentos en que parece como si no hubiera forma de alcanzarte. Mi mente me dice que siempre vas a estar presente, pero mi corazón se siente solo.

Cuando tengan lugar las experiencias insoportables, te ruego que me ayudes a encontrar con rapidez tu consuelo. Ayúdame a aceptar ese consuelo y hallar la forma de ayudar a otra persona a sentirlo. Sé que no me lo has dado para guardármelo, sino para compartirlo.

Entonces ayúdame a aprender a ayudar a mis hijos a descubrir tu presencia en medio de los problemas. Les va a servir de bendición el descubrir a una edad temprana que tú eres la fuente del consuelo verdadero.

En el nombre de Jesucristo. Amén.

1. ¿A qué me debo comprometer?

2. ¿Cómo debo actuar?

3. ¿Qué lección les puedo dar a mis hijos?

Mas el fin de todas las cosas se acerca; sed, pues, sobrios, y velad en oración. Y ante todo, tened entre vosotros ferviente amor; porque el amor cubrirá multitud de pecados. Hospedaos los unos a los otros sin murmuraciones. Cada uno según el don que ha recibido, minístrelo a los otros, como buenos administradores de la multiforme gracia de Dios. Si alguno habla, hable conforme a las palabras de Dios; si alguno ministra, ministre conforme al poder que Dios da, para que en todo sea Dios glorificado por Jesucristo, a quien pertenecen la gloria y el imperio por los siglos de los siglos. Amén.

1 Pedro 4:7-11

Vivir con interrupciones

Gene Stallings ha sido entrenador de algunos de los equipos de fútbol más famosos de los Estados Unidos. Está acostumbrado a planificar el juego y hacer lo que haga falta para seguir el plan. No obstante, hasta los mejores planes de juego tienen que contemplar la posibilidad de interrupciones inesperadas. Este famoso entrenador, amante esposo y elogiado padre aprendió acerca de las interrupciones de una manera muy personal.

Cuando nació su hijo Johnny, éste se convirtió en algo más que una interrupción en el calendario de actividades de la familia. Interrumpió sus sueños, su fe y su estilo de vida. Nació con el síndrome de Down. Los médicos le dijeron a la familia que era probable que Johnny no viviera una vida plena, y trataron de animar a Gene a ponerlo en un hogar para niños retrasados. Al fin y al cabo, eso habría sido lo más fácil.

Sin embargo, a pesar de lo perturbadora que era la situación de Johnny, los esposos Stallings se negaron a meterlo en una institución de cuidado de niños como él. Lo llevaron a casa, y allí ha vivido desde entonces.

"Cuando lo trajimos a casa, tomamos la decisión de que formaría parte de la familia. Vamos a la iglesia, y lo llevamos. Vamos al club social, y lo llevamos. Decidimos que no lo íbamos a esconder", dice Gene.

Aparte de Gene, Johnny es el más famoso de los Stallings. Él y su padre han aparecido por todos los Estados Unidos en un anuncio de una institución no lucrativa. La interrupción de Johnny se ha convertido en un don que ahora ha sido compartido más allá del círculo familiar. Johnny ha ayudado a miles de personas. Dios los ha utilizado a él y a su familia para darles ánimos a otros niños impedidos de todo el país.

La perspectiva humana consiste en ver las interrupciones como problemas y dificultades. Dios ve esas interrupciones a nuestro plan para el juego como oportunidades para que Él nos muestre su poder. Recuerdo haber oído decir a un hombre muy sabio: "Yo le solía pedir a Dios que me quitara del medio todas las interrupciones; todas las distracciones. Me parecía que la única forma de estar cerca de Él era tener una vida libre de interrupciones. Al fin, me di cuenta de que las interrupciones eran mi vida misma."

Dios llama al padre para que guíe a su familia a través de las interrupciones, cualesquiera que sean. La tarea es abrumadora, pero las recompensas son increíbles. Los padres que buscan a Dios en medio de las interrupciones de la vida, tendrán un legado que no se puede igualar en esta vida. Será un legado venido del corazón mismo de Dios.

Querido hijo:

Me encanta la planificación estratégica. Analizar cuál es la situación presente y proyectar los problemas que tendré que enfrentar en el futuro es algo que me ayuda a sentirme preparado. Examinar las tendencias de la cultura, las influencias externas y los problemas principales que se presentarán en los próximos cinco años es algo que me prepara para la acción. La evaluación de las cuestiones críticas, las cuestiones de operación y las de desarrollo hace más fáciles las grandes decisiones. Aclarar qué cosas producen el éxito y qué cosas evitan el fracaso, me da seguridad. Y comunicar las acciones de la manera más eficaz, en el momento más eficaz, me da la "euforia del planificador estratégico".

Aunque creo con firmeza que a todos los padres les ayudaría desarrollar un plan estratégico para su familia, la huella que deje ese plan no es tan profunda como tu reacción ante las interrupciones de la vida. Serás recordado por tus reacciones; no por tus horas de planificación.

Durante un tiempo, yo traté de planificar la manera de evitar todas las interrupciones, y lo que hice fue frustrarme notablemente.

Por último, decidí que las interrupciones no me estaban complicando la vida, sino que eran mi vida. Ahora veo la vida como una aventura llena de interrupciones diarias. Algunas son grandes; otras son muy pequeñas, pero la vida consiste en aprender a darles forma a esas interrupciones sin dejar que ellas nos den forma a nosotros.

Así que, planifica el viaje, pero no dejes que eso se interponga en la aventura.

Con amor,
Papá

PADRE AMADO:

Ayúdame a vivir según tu agenda, y no según la mía.

Ayúdame a ser más paciente con las interrupciones de la vida, y ayúdame a estar más abierto a tu voluntad en esas interrupciones.

Concédeme el valor necesario para ver los sucesos inesperados y el sufrimiento personal como oportunidades para acercarme más a ti. Dame aceite para mi lámpara cuando los días se vuelvan oscuros. Y envíame alguien que me ayude, Señor, cuando se me estén acabando las fuerzas.

Ayúdame a enseñarles a mis hijos a encontrar esperanza y fe escondidas en algún lugar dentro de las interrupciones de nuestra vida.

En el nombre de Jesucristo. Amén.

1. ¿A qué me debo comprometer?

2. ¿Cómo debo actuar?

3. ¿Qué lección les puedo dar a mis hijos?

Por esto, mis amados hermanos, todo hombre sea pronto para oír, tardo para hablar, tardo para airarse; porque la ira del hombre no obra la justicia de Dios. Por lo cual, desechando toda inmundicia y abundancia de malicia, recibid con mansedumbre la palabra implantada, la cual puede salvar vuestras almas. Pero sed hacedores de la palabra, y no tan solamente oidores, engañándoos a vosotros mismos. Porque si alguno es oidor de la palabra pero no hacedor de ella, éste es semejante al hombre que considera en un espejo su rostro natural. Porque él se considera a sí mismo, y se va, y luego olvida cómo era. Mas el que mira atentamente en la perfecta ley, la de la libertad, y persevera en ella, no siendo oidor olvidadizo, sino hacedor de la obra, éste será bienaventurado en lo que hace.

Santiago 1:19-25

El control de su ira

Joe se matriculó en la universidad en un curso de ornitología, el estudio de las aves. Había escogido esa asignatura porque el profesor nunca pasaba lista. También había oído decir que el único examen que hacía era un examen final de selección múltiple que se podía aprobar con facilidad a base de hacer un esfuerzo la noche anterior. De esta manera, podría añadir tres horas de crédito a su expediente con un mínimo de trabajo.

Sólo asistió a dos conferencias en todo el semestre, y ni siquiera compró el libro de texto. Estaba seguro de que se iba a poder meter en la cabeza suficientes conocimientos sobre las aves la noche anterior al examen para aprobar cualquier selección múltiple, así que se preparó con tranquilidad para los finales. La noche anterior al examen, casi se aprendió de memoria el libro de texto que había tomado prestado en la biblioteca. Entró en el aula listo para someterse a la prueba.

Tomó un asiento en la fila delantera. Cuando llegó el profesor, lo primero que hizo fue poner una gran caja sobre la mesa del laboratorio. De la mesa, sacó diez bolsitas de tela. En cada una de ellas había un ave disecada que él había tomado de su propia colección. Lo único que salía fuera de las bolsas eran las patitas. Era algo divertido. Sobre la mesa del laboratorio había diez bolsitas, y de cada una de ellas salían dos patitas de ave. La boca de cada bolsa estaba atada con una cuerda, de manera que todo el cuerpo del ave quedaba escondido, con excepción de las patitas.

El profesor había numerado los sacos del uno al diez. Por fin dijo: "Me cansé de los exámenes de selección múltiple, de manera que en este semestre su examen final va a ser sencillo. Examinen las patitas de ave que salen de estas bolsas.

Identifiquen el nombre del ave, den su nombre corriente, género, especie, hábitat, hábitos reproductivos, etc. Díganme todo lo que sepan acerca de cada una de estas aves. Tienen dos horas, así que trabajen con sabiduría."

Joe se quedó pasmado. *No es justo,* pensó.

Fue pasando junto a cada una de las bolsitas, tratando de hallar algo que le diera una pista, pero no logró absolutamente nada. Todas parecían iguales. Cuanto más miraba aquellas patitas, tanto más furioso se ponía, y más desesperado veía todo aquello.

Permaneció sentado durante media hora, indignado. Por último, llegó a su punto de ebullición. Se puso de pie, caminó hasta el escritorio del profesor, le tiró el papel del examen y se volvió hacia la puerta. El profesor se sintió perplejo por un instante; después, observando el papel en blanco, lo llamó: "Joven, espere un momento. No puso su nombre en el papel. ¿Cómo se llama?"

En un arranque de genio, Joe se dio media vuelta, levantó una de las piernas y le gritó: "¡Averígüelo usted!"

Joe hizo estallar su ira a base de descargarse en otra persona. Lo cierto es que, en realidad, no estaba enfadado con su profesor sino consigo mismo. Su profesor era inocente, pero tuvo que sufrir la explosión de todas formas.

A veces todos somos como Joe cuando estamos enojados. No estamos furiosos con nuestros hijos, pero son ellos los que reciben la explosión. En realidad, hay algunos niños que saben más sobre lo que pone enojado a su padre, que sobre la vida de éste.

¿Cómo maneja usted su ira? ¿Habría una forma mejor de hacerlo?

Querido hijo:

Necesito hablarte de la gran máscara que usamos los hombres. Aunque muchos de nosotros demos la apariencia de ser personas cálidas y seguras en el exterior, estamos enmascarando una abrumadora sensación de derrota. Es posible que tengamos grandes trofeos que indiquen que algo valemos, pero los premios no revelan la forma en que nos sentimos como hombres. Estamos enojados porque no podemos encontrar nuestra alma. Yo solía ser así.

Sentía que tenía que depender de mí mismo, y de nadie más. Cuando murió mi padre, me sentí distante. Cuando alguien me preguntaba: "¿Qué te pasa?", saltaba diciendo: "¡Nada!" Parecía que mi papel en la vida se centraba por completo en tener el control de todo en el trabajo, en los deportes y en las discusiones.

Por fin, una tarde en que caminaba con mi esposa por una larga playa, se me cayó la máscara. Me abrí, y el yo real salió a flote. La única vez que había hablado antes, había sido con ira. Ahora le estaba diciendo cosas que nunca le había dicho a nadie, y sin embargo, ella me seguía amando. Al fin había roto mi silencio.

Aún me sale la ira a la superficie de cuando en cuando, y cuando lo hace, sé que es hora de sostener una larga charla. Ahora sé lo que es el amor. Espero que sepas de lo que te estoy hablando.

Con amor,
Papá

AMADO DIOS:

No sé qué hacer con mi ira. Querría poder hacerla un paquete, meterla en un recipiente cerrado y entregártela. Te ruego que escuches mis preocupaciones y me ayudes a liberarme de esta carga. He decidido pasar más tiempo hablándote de ella, así que prepárate para unos cuantos momentos bien intensos en el futuro.

Ayúdame a ser más lento para enojarme con mis hijos. Ayúdame a escucharlos primero.

Señor, ayúdame a deshacerme de mi espíritu de competencia. Me es demasiado fácil convertirlo todo en una carrera, a ver quién gana.

Ayúdame, Dios mío, a enseñarles a mis hijos a hablar acerca de la ira propia sin herir los sentimientos de la gente.

Señor, estoy listo para cuanto esto exija.

En el nombre de Jesucristo. Amén.

1. ¿A qué me debo comprometer?

2. ¿Cómo debo actuar?

3. ¿Qué lección les puedo dar a mis hijos?

Dijo también Dios a Abraham: A Sarai tu mujer no la llamarás Sarai, mas Sara será su nombre. Y la bendeciré, y también te daré de ella hijo; sí, la bendeciré, y vendrá a ser madre de naciones; reyes de pueblos vendrán de ella. Entonces Abraham se postró sobre su rostro, y se rió, y dijo en su corazón: ¿A hombre de cien años ha de nacer hijo? ¿Y Sara, ya de noventa años, ha de concebir? Y dijo Abraham a Dios: Ojalá Ismael viva delante de ti. Respondió Dios: Ciertamente Sara tu mujer te dará a luz un hijo, y llamarás su nombre Isaac; y confirmaré mi pacto con él como pacto perpetuo para sus descendientes después de él.

Génesis 17:15-19

Ría mucho

En *7 Things Kids Never Forget* [Siete cosas que los niños nunca olvidan], hablé de una niña de primer grado que le había preguntado a su mamá por qué su papá traía a casa el maletín lleno de papeles para trabajar todas las noches. Su mamá le contestó después de pensarlo:

—Tu papá tiene tanto trabajo que hacer en la oficina que no lo puede terminar todo.

Después de un momento de silencio, la niña preguntó:

—Bueno, ¿y por qué no lo ponen en un grupo donde trabajen más lento?

Espero que se haya reído. Una de las posesiones más importantes de un padre es su sentido del humor; su capacidad para reírse de la vida y de sí mismo.

Un padre contaba que había estado observando a su hijo mientras le hacía una demostración de sus emocionantes habilidades con la tabla de patinar. Un brote de sentimientos juveniles inundó a aquel padre de edad mediana, y se comenzó a imaginar a sí mismo moviéndose a velocidades increíbles sobre aquella tabla.

—¡Papá, ven! —le gritó el hijo—. Ven, que es muy divertido. Pruébalo; sólo tienes que subirte y salir disparado.

Después de unos instantes en que reunió todo su valor, el padre aceptó y, con la ayuda de su hijo, se puso de pie sobre la tabla.

—Ahora —le indicó su hijo—, haz que se mueva.

El padre, aprensivo, mantuvo el pie derecho sobre la tabla, se equilibró sobre él y empujó con el izquierdo, hasta llegar a la cuesta de la entrada a su garaje. El resto es bien confuso. La tabla salió disparada de debajo de él, y él voló por los aires, aterrizando con todo su peso sobre un lado de uno de sus pies.

—¡Fantástico, papá! Eso sí que fue tremendo. Repítelo otra vez.

Camino del hospital, su hijo iba contando todos los detalles del viaje en la tabla voladora. A todos los que estaban en la sala de emergencias, les contó lo fantástico que había sido todo.

El médico de turno entró, le echó una mirada al pie y respondió más bien de manera crítica: —¡Mira que subirse a una tabla de patinar a su edad...!

—Pero fue un momento fantástico —contestó del padre.

Aprender a reírnos de nuestros propios errores es una de las lecciones más grandes de la vida, y la mejor manera de enseñarla es con el ejemplo. Si estamos dispuestos a arriesgarnos a un fracaso delante de nuestros hijos, y nos podemos echar a reír cuando no tenemos éxito, les estaremos enseñando a tener el valor necesario para intentar cosas nuevas, y no sentirse devastados o a la defensiva cuando las cosas no funcionen como estaban planeadas.

Querido hijo:

El buen humor es una de nuestras posesiones más valiosas en la vida. Compártelo con todos.

Puedes hacer reír a un niño de un año con sólo ponerte un plato de plástico en la cabeza. Todo bebé que se respete a sí mismo sabe que los platos de plástico no sirven de sombreros. Son para morderlos.

Cuando un niño tiene año y medio, lo puedes hacer reír con payasadas: papá que tropieza, los juguetes que se caen, y la destrucción en general, son cosas divertidas para los niños de esta edad.

Estos niños ya quieren que sea uno su espectador. Algunas veces se tiran al suelo a propósito para hacerlo reír.

A los cinco años los niños comienzan a inventar sus propias adivinanzas. Aprenden de memoria las adivinanzas y las repiten, aun antes de entenderlas realmente. Para ellos, un chiste casero que fue divertido la primera vez, se convierte en algo que merece una gran carcajada cuando ya se ha contado más de cuarenta veces.

Durante los años de la escuela primaria, sentarse en el asiento de atrás del auto y gritar "¡Tu novia es un gorila!" es algo que merece un buen rato de risa.

Aparte tiempo para contarles una y otra vez cosas divertidas acerca de los miembros de la familia. Eso ayuda a todos a sentirse relacionados. Recuerde que por cada artista de las payasadas tiene que haber un hombre hecho y derecho.

Con amor,
Papá

AMADO SEÑOR:

Ayúdame a aprender a reírme de mí mismo, y no de los demás. Ayúdame a mantener vivas la diversión y la risa en nuestro hogar.

Ábreme los ojos, Señor. Les quiero dar a mis hijos un buen sentido del humor. Quiero que sepan que tú eres un Dios que nos anima a reírnos. Quiero que sepan que Abraham y Sara se rieron, y que sepan también que a ti te pareció bien.

Gracias por el don del buen humor. Ayúdame a usarlo con sabiduría.

En el nombre de Jesucristo. Amén.

1. ¿A qué me debo comprometer?

2. ¿Cómo debo actuar?

3. ¿Qué lección les puedo dar a mis hijos?

No que lo haya alcanzado ya, ni que ya sea perfecto; sino que prosigo, por ver si logro asir aquello para lo cual fui también asido por Cristo Jesús. Hermanos, yo mismo no pretendo haberlo ya alcanzado; pero una cosa hago: olvidando ciertamente lo que queda atrás, y extendiéndome a lo que está delante, prosigo a la meta, al premio del supremo llamamiento de Dios en Cristo Jesús.

Filipenses 3:12-14

Ganar corriendo

Durante años, Bill Rogers compitió en maratones y carreras de diez kilómetros por todos los Estados Unidos. Sin embargo, la carrera de diez kilómetros que corrió en Omaha, Nebraska, se convirtió en un suceso memorable, y por una razón que no fue precisamente la victoria. Fue en Omaha donde conoció a Bill Brodus. Éste, un hombre de mediana edad residente en Omaha, hizo que aquella carrera local fuera digna de ser recordada. Tenía un problema respiratorio que limitaba su capacidad para correr más allá de los cinco minutos. Cada paso que daba después de los cinco minutos provocaba una mezcla de dolor y pánico en su cuerpo. Sin embargo, le encantaba correr, y tenía el sueño de correr en la misma carrera que Bill Rogers, quien era su héroe.

Cuando se anunció la carrera de Omaha, y el periódico informó que Rogers iba a correr en ella, Brodus se fue derecho a su médico. Después de una consulta con el médico, y de arreglar las cosas para tener familiares y amigos estacionados a todo lo largo de la ruta, se preparó para convertir su sueño en realidad.

Cuando sonó el disparo de partida, Bill Rogers se hallaba al frente. Bill Brodus estaba muy lejos, hacia el fondo; lo más lejos que se podía estar. Rogers ganó los diez kilómetros de Omaha sin gran problema. Después que cruzó la línea de la meta, fue fácil perder la cuenta de quiénes terminaban la carrera.

Brodus seguía corriendo.

El equipo de limpieza quitó las sogas y los estrados temporales.

Bill Brodus aún seguía corriendo.

Los barrenderos limpiaron la calle de todos los vasos de cartón. Brodus seguía corriendo.

No había nadie en la meta. En realidad, ya no había ni meta. Por fin, Brodus le dio la vuelta a la esquina, sintiendo dolor con cada paso que luchaba por dar, pero estaba a punto de terminar la carrera; la misma carrera que había corrido su héroe, Bill Rogers. En el momento en que Brodus iba a alcanzar el lugar donde había estado la meta, Bill Rogers se adelantó a la calle, acompañado por la familia de Brodus.

Rogers tomó un pedazo de la cinta rota de la meta que él había cruzado anteriormente, y la sostuvo frente a Brodus. Brodus vio la línea y se lanzó hacia ella, cayendo en los brazos de Bill Rogers. Éste tomó el medallón que había ganado aquel día, se lo puso al cuello a Brodus y le susurró: "Hoy, tú eres el ganador." Bill Brodus no había ganado por haber llegado el primero. Había ganado porque había soportado el dolor y había luchado para convertir su sueño en realidad. Siguió corriendo, aun cuando cada uno de sus pasos estuviera lleno de dolor.

El medallón de ganador fue algo inesperado. Era un regalo. Estoy convencido de que nuestras mayores victorias como padres no se deben a que lleguemos los primeros a la meta, o a que seamos los más rápidos o los más fuertes. Las mayores victorias se producen porque seguimos adelante, aun cuando las cosas se vuelvan dolorosas y desalentadoras. Recuerde que el viernes por la noche parecía que Jesucristo había perdido, pero el domingo el cuadro era totalmente distinto. Jesucristo ya había ganado la carrera. Lo único que tenemos que hacer es correr.

Querido hijo:

Habrá momentos en los que te sentirás con ganas de irte. Te sentirás atrapado y amarrado. De cuando en cuando tendrás la oportunidad de romper con todo y salir disparado hacia la puerta. Tus ansias de ver el mundo se harán más fuertes y soñarás con estar libre de responsabilidades, libre de cargas, libre de relaciones, libre de expectaciones, libre de manos que esperan dinero, libre de quejas, libre de exigencias. Tu corazón te engañará. Yo lo sé. Créeme; lo sé muy bien.

La característica de un hombre fuerte no es que viva según su corazón, o que viva para la felicidad y los buenos tiempos. La característica de un padre fuerte es que vive fiel a su palabra, mantiene sus promesas y sigue corriendo aunque no se sienta con ganas de hacerlo. Ese espíritu de perseverancia y de entrega es una de nuestras grandes necesidades hoy.

He descubierto que si uno sigue corriendo, Dios le cambia el corazón.

Me encanta la forma en que Él obra.

Con amor,
Papá

SEÑOR AMADO:

Ayúdame a mantener los ojos fijos en la meta, y a no desalentarme ni distraerme. De veras, necesito ayuda para perseverar y para permanecer claramente concentrado.

Ayúdame a seguir corriendo, aun cuando no quiera hacerlo. Te ruego que me des la fortaleza que hace falta para ser fiel a mis promesas y a mis compromisos.

Perdóname por las veces en que he fallado.

En el nombre de Jesucristo. Amén.

1. ¿A qué me debo comprometer?

2. ¿Cómo debo actuar?

3. ¿Qué lección les puedo dar a mis hijos?

Pero tú has seguido mi doctrina, conducta, propósito, fe, longanimidad, amor, paciencia, persecuciones, padecimientos, como los que me sobrevinieron en Antioquía, en Iconio, en Listra; persecuciones que he sufrido, y de todas me ha librado el Señor. Y también todos los que quieren vivir piadosamente en Cristo Jesús padecerán persecución; mas los malos hombres y los engañadores irán de mal en peor, engañando y siendo engañados. Pero persiste tú en lo que has aprendido y te persuadiste, sabiendo de quién has aprendido; y que desde la niñez has sabido las Sagradas Escrituras, las cuales te pueden hacer sabio para la salvación por la fe que es en Cristo Jesús. Toda la Escritura es inspirada por Dios, y útil para enseñar, para redargüir, para corregir, para instruir en justicia, a fin de que el hombre de Dios sea perfecto, enteramente preparado para toda buena obra.

2 Timoteo 3:10-17

La educación de la fe

Usted, como padre, es el maestro espiritual más importante que su hijo tendrá jamás. Es usted quien ayudará a moldear y dar forma a la fe personal de su hijo en Jesucristo. Su tarea exige más que el simple conocimiento de las respuestas correctas a las preguntas sobre temas espirituales. Exige educar, orar, tener paciencia y pasar por unas cuantas luchas en el camino.

Piense en el proceso de moldear la fe como algo muy similar a la transformación que tiene lugar dentro del capullo de la oruga. El pequeño animal comienza siendo una criatura que se arrastra por el suelo, que es donde le gusta vivir, pero se escapa de su capullo transformado en un piloto a tiempo entero sin entrenamiento, y dotado de un par de alas. Sin duda, es una nueva criatura. Durante el resto de su vida estará descubriendo lo que ya le ha sucedido.

Dentro de la oscuridad del capullo, un misterioso proceso dispuesto por Dios tuvo libertad para obrar, sin que lo afectaran las presiones externas ni unas circunstancias amenazadoras. En el momento justo, impulsada por los designios de la naturaleza, la oruga murió a su "personalidad de oruga" para quedar transformada en una mariposa.

Una vez terminada la transformación, comienza la "lucha". La "nueva criatura" debe dejar la seguridad del capullo. Debe salir de su seguridad para poder volar, porque para eso fue creada.

Los padres no podemos echar a andar ni detener este proceso, pero sí podemos ayudar a darle forma. En gran parte, somos los moldeadores de la fe más importantes que van a tener nuestros hijos jamás. Usted puede comenzar a darle forma a la fe de sus hijos mediante estas ocho prácticas sencillas:

1. **Acepte a sus hijos tal como son.** Intensifique la práctica de aceptar a sus hijos como son, y no como usted querría que fueran. Deles libertad para fracasar y crecer. La vida en este tipo de ambiente les dará una base firme a partir de la cual edificar su fe.

2. **Sea disciplinado.** Mantenga la disciplina del estudio bíblico personal. Considere la Biblia como el Diario de Dios y estúdiela para aprender más acerca del Dios que la escribió. Una de las mejores formas de acercarnos más a Él consiste en dedicar tiempo a leer su Diario.

3. **Escuche a sus hijos durante los tiempos no estructurados.** Esas conversaciones erráticas informales le darán la oportunidad de compartir preocupaciones, conflictos y fracasos. Escuche tratando de comprender, no de obtener información. Es posible que saber escuchar sea el secreto más importante de los padres eficientes.

4. **Anímelos a hacer preguntas e investigar.** La fe verdadera no se desarrolla nunca sin un período de prueba: un tiempo en que se reta, se hacen preguntas y se pasa por crisis.

5. **Actúe con misericordia como padre.** Somos llamados a cuidar y enseñar, no a curar y juzgar.

6. **Cuénteles historias acerca de personas llenas de fe.** Contarles historias a sus hijos es algo que le dará la oportunidad de compartir momentos poderosos con ellos. Esas historias lo pueden ayudar a convertir su cantidad limitada de tiempo en unos momentos con potencialidad de calidad.

7. **Invite a sus hijos a orar con usted.** Pregúnteles por qué quieren que ore usted y dígales por qué quiere usted que oren ellos. A los hijos les encanta saber que estamos orando por ellos.

8. **Comparta con sus hijos el relato de su conversión.** Dígales en qué estaba pensando usted cuando decidió entregarle su vida a Dios. Describa lo que sucedió cuando nació de nuevo, quién estaba presente y qué sucedió después.

Querido hijo:

Un anciano vio que una mariposa luchaba por salir de su capullo. Parecía que, a menos que la joven criatura alada recibiera ayuda, estaba condenada a morir. Así que, con toda buena intención, el anciano juntó las manos alrededor de la mariposa y sopló aire tibio y húmedo sobre aquella criatura que parecía estar agonizando.

El aire húmedo permitió que la mariposa se deslizara del capullo, pero había algo que no andaba bien. La lucha con el capullo tenía por propósito darle tiempo a la mariposa para que se le secaran las alas; sin aquella lucha, las alas eran inútiles. Ahora, el anciano no pudo hacer otra cosa más que ver morir a la frágil criatura. En su intento por rescatar a la mariposa, le había negado el beneficio vital de aquella lucha.

Recuerda: no se puede edificar la fe sin lucha. No vayas demasiado rápido al rescate. Es posible que esa lucha sea precisamente lo que necesitan tus hijos para desarrollar su fe.

Con amor,
Papá

PADRE AMADO:

Ayúdame a entender que la fe es más que la creencia en unas doctrinas correctas acerca de Jesucristo. Ayúdame, Señor, a darme cuenta de que la fe necesita ser probada para crecer; que necesita pasar por luchas. Y ayúdame a aprender a escuchar a mis hijos cuando tengan lugar sus luchas de fe, pero no permitas que acuda en seguida al rescate.

Señor, dame la oportunidad de contarles a mis hijos la historia de mi fe. Y dales a ellos muchas oportunidades de escuchar la historia de la fe de sus maestros, sus ministros y sus amigos.

Ayuda a mis hijos a no quedarse sólo con el conocimiento de las Escrituras. Ayúdalos a encontrar formas sabias de convertir sus conocimientos en una fe probada.

En el nombre de Jesucristo. Amén.

1. ¿A qué me debo comprometer?

2. ¿Cómo debo actuar?

3. ¿Qué lección les puedo dar a mis hijos?

Guarda, hijo mío, el mandamiento de tu padre, y no dejes la enseñanza de tu madre; átalos siempre en tu corazón, enlázalos a tu cuello. Te guiarán cuando andes; cuando duermas te guardarán; hablarán contigo cuando despiertes. Porque el mandamiento es lámpara, y la enseñanza es luz, y camino de vida las represiones que te instruyen, para que te guarden de la mala mujer, de la blandura de la lengua de la mujer extraña. No codicies su hermosura en tu corazón, ni ella te prenda con sus ojos; porque a causa de la mujer ramera el hombre es reducido a un bocado de pan; y la mujer caza la preciosa alma del varón.

Proverbios 6:20-26

Las conversaciones sobre el sexo

Algunas veces no parecerá así, pero cuando los hijos crecen, en realidad, ellos quieren conversar con sus padres acerca de las cosas que les preocupan. Sin embargo, si usted espera a que sus hijos le hagan preguntas acerca de los temas difíciles, como el de la vida sexual, es posible que se encuentre sentado esperando aún, después que sus nietos estén teniendo ya sus propios hijos.

Yo estaba descansando entre dos intervenciones en una conferencia sobre la familia, cuando una emocionada joven me sacó a un lado y me pidió unos momentos.

—Quiero hablarle de mi papá —me dijo.

Nos sentamos, y ella comenzó su relato.

—Cuando yo estaba en séptimo grado, papá me sacó un día a cenar. La comida era buena, pero no era la comida la razón de aquella noche tan especial. Él me dijo que tenía algo realmente importante que quería hablar conmigo. Entonces compartió conmigo sus secretos acerca de los varones. Hablamos de las razones por las que los adolescentes son tan poco considerados a veces, acerca de por qué les gusta hacer ruidos altos y desagradables, de lo que piensan de las muchachas cuando están con sus amigos, y de lo que piensan cuando están con una muchacha. Me explicó que hay muchachos que están dispuestos a lo que sea con tal de lograr un acercamiento sexual a una jovencita, y me dijo cómo puedo ser una mujer virgen y romántica en un mundo sexualmente activo. Hablamos todo el resto de la noche. ¿No le parece que soy afortunada por tener un padre así?

—Sí, por supuesto.

Cuando mis hijas y yo tuvimos nuestra charla acerca de las citas con los jóvenes, su primera pregunta fue: "¿Hasta dónde puedo llegar sin dejar mi seguridad?" En otras palabras: "¿Dónde debo trazar la frontera?" Ésa es la gran pregunta.

En mi respuesta, traté de montar el escenario, explicar la teología y enumerar las razones. Lo único que mis hijas querían era un consejo sencillo y sin complicaciones.

En principio, esto es lo que les dije:

"Si permanecen por encima del cuello, estarán seguras. Debajo del cuello, se pueden meter en problemas. Tendría que tener el corazón de piedra para decirles que nunca le den un beso a su novio, ni le muestren afecto. Si se aman, querrán estar muy cerca el uno del otro, y querrán besarse con pasión. Así que éste es mi consejo."

"Vayan despacio y sepan escoger."

"Aprendan a marcar los límites, y a decirle a su novio dónde están esos límites. Algún día le darán gracias a Dios por haberlas hecho con toda esa pasión. Sin embargo, mientras llega ese día, van a necesitar marcar esa frontera, y no traspasarla, cueste lo que cueste."

"Mantengan las manos fuera de la ropa. En el momento en que metan las manos cada cual en la ropa del otro, van camino de graves problemas. Las pieles en contacto por debajo del cuello despiertan pasiones que es probable que ustedes no puedan dominar. La pasión es como el dinero; siempre queremos más. Lo que hagan una noche no será suficiente para la noche siguiente."

¿Puede hablar usted de esta forma con su hija o con su hijo? Espero que sí. Nuestros hijos necesitan cuanta ayuda se les pueda dar, y quieren que esa ayuda se la demos nosotros. Si usted piensa que va a tener problemas al hablar de esa forma con sus hijos, escriba su consejo y envíeselo por correo. Le garantizo que van a leerlo. Recuerde que nadie tiene más influencia en ese aspecto de la vida de su hijo que usted. Así que, olvídese de la lección de anatomía y céntrese en los sentimientos sexuales, en la personalidad y en el Espíritu de Dios.

Querido hijo:

La vida sexual y el romance son los dos temas más difíciles de abordar. Mi papá trató de hablarme del sexo un día. Faltaban un par de horas para la boda, y estábamos pasando juntos unos momentos de tranquilidad. Me preguntó si tenía alguna pregunta, y si sabía lo que debía hacer. Le respondí como lo han hecho millones de hombres antes que yo: "No, no tengo preguntas —por supuesto—. Sé lo que tengo que hacer." Dos descaradas mentiras.

Nuestra conversación no fue mucho mejor, ¿verdad? Sé que te debes haber cansado de oír hablar tanto de responsabilidad, pero tenía que intentarlo. ¿Fue tan malo aquello en realidad?

¡Comienza pronto! Háblales a tus hijos de la modestia y de la pornografía, de la atracción sexual y de la sensualidad, de la personalidad y del dominio de sí, de la satisfacción de los apetitos y de la lujuria; de la ternura y del sacrificio. No trates de meterlo todo dentro de la "gran" charla. Prepárate para un montón de pequeñas charlas. Es mucho mejor así. Háblales del matrimonio, y por último, háblales de los placeres del sexo entre marido y mujer.

Con amor,
Papá

AMADO SEÑOR:

Dales fortaleza a mis hijos para señalar los límites cuando se trate del sexo. Ayúdame a mí a ser sensible ante sus sentimientos y sus frustraciones. Ayúdame a recordar lo que se siente cuando se está apasionadamente enamorado.

Te ruego que me des oportunidades para hablarles con frecuencia del sexo y de la sexualidad. Ayúdame a saber lo que les debo decir, y cuándo decírselo. Y sobre todo, Señor, ayúdame a demostrarles a mis hijos lo que es realmente el amor, por la forma en que trato a mi esposa.

Señor, ayúdame a sentirme más cómodo cuando hable del sexo con mi esposa y con mis hijos. Ayúdame a comenzar hoy mismo.

En el nombre de Jesucristo. Amén.

1. ¿A qué me debo comprometer?

2. ¿Cómo debo actuar?

3. ¿Qué lección les puedo dar a mis hijos?

He aquí, yo os envío el profeta Elías, antes que venga el día de Jehová, grande y terrible. Él hará volver el corazón de los padres hacia los hijos, y el corazón de los hijos hacia los padres, no sea que yo venga y hiera la tierra con maldición.

Malaquías 4:5, 6

El calor humano

En una encuesta realizada en 1992 sobre las actitudes de los hombres con respecto a la paternidad, las tres características más importantes de un padre resultaron ser:

1. **Estar siempre a la disposición de sus hijos cuando éstos necesitan un consejo.** Dar consejo, orientación y sugerencias cuando lo piden los hijos es una de las marcas de la paternidad. Las palabras de consejo de un padre amante son recordadas durante toda la vida, aunque no se sigan.

2. **Estar emocionalmente disponible para darles a sus hijos apoyo y afecto cuando ellos lo necesitan.** Los investigadores han hallado que, aunque ambos padres pueden afectar al rendimiento de sus hijos en la escuela, los niños más seguros de sí mismos parecen ser los que tienen un padre que es más afectuoso y entusiasta cuando la labor es más dura.

Los padres afectuosos se divierten con los trabajos, disfrutan del tiempo que pasan con cada uno de sus hijos, y manifiestan abiertamente su afecto.

Los padres afectuosos ayudan a sus hijos a sentirse aceptados, y cuando los hijos se sienten aceptados, sin tomar en cuenta sus logros, sienten también que tienen más oportunidades para cometer sus propios errores, lo cual les ayuda finalmente a dominar lo que hayan emprendido.

3. **Pasar tiempo con sus hijos,** pero también trabajar duro para proveerles lo que necesitan. Los estudios continuos sobre la influencia de los padres han descubierto que los hombres que ayudan a crecer —que participan activamente

en la vida diaria de sus hijos—tienen unos hijos que desarrollan una capacidad social más amplia, son más flexibles en las situaciones de tensión y sacan una puntuación mejor en las pruebas estandarizadas. Pensémoslo de esta forma: el tiempo que usted pasa en el suelo, jugando y leyendo con su hijo, lo está ayudando a él a prepararse para el futuro, aunque usted se esté divirtiendo. Además, la inversión de este tipo que haga cuando sus hijos aún sean pequeños, le rendirá grandes dividendos más tarde.

Así que, cuando llegue a casa después de un largo día de trabajo, deje que su motor descanse por un momento. Pásese después unos segundos preparándose para la parte más importante de su día: el momento familiar.

Los hombres afirman también que, por importantes que sean sus hijos para ellos, a la mayoría les cuesta trabajo hablar de sus sentimientos con respecto a la paternidad. Cuando se les preguntó de qué hablaban con sus compañeros, la paternidad quedó en último lugar.

El orden que aparece en el informe es el siguiente:

1. El trabajo.

2. Los deportes.

3. Lo que están haciendo los hijos.

4. Las aficiones.

5. La política.

6. La vida sexual.

7. La música.

8. Mis sentimientos como padre.

Estoy convencido de que los padres que pasan tiempo conversando con otros padres acerca de sus sentimientos con respecto a su paternidad, van a ser elegidos como los mejores por aquéllos cuyo voto cuenta más.

Querido hijo:

Créeme: tu hijo no quiere oír que le dices que él es maravilloso, cuando sabe que ha hecho mal las cosas. Lo único que quiere es saber que lo sigues amando, pase lo que pase.

Cuando tu hijo pierda en unas elecciones de la clase, o no lo escojan para el equipo colegial, no le preguntes qué pasó, o por qué pasó. Tus primeras palabras podrían ser: "Sé lo importante que era esto para ti. Perder así tiene que ser el dolor más grande del mundo." Escuchar estas palabras, u otras parecidas, le da a tu hijo la seguridad de que tú lo comprendes y lo amas.

En eso consiste el ser un padre afectuoso.

Con amor,
Papá

AMADO PADRE:

No permitas que me mantenga tan ocupado que me pierda la niñez de mis hijos. Ayúdame a tomar las cosas con más calma, a participar en su vida y a permanecer alerta. Dame las palabras que debo decir para convencer a mis hijos de que me interesan y de que estoy tratando de comprenderlos.

Ayúdame a saber cómo ayudarlos cuando se sientan deprimidos.

Derrite esa parte de mi corazón que me está impidiendo convertirme en un padre afectuoso con cada uno de mis hijos.

En el nombre de Jesucristo. Amén.

1. ¿A qué me debo comprometer?

2. ¿Cómo debo actuar?

3. ¿Qué lección les puedo dar a mis hijos?

_____

_____

_____

_____

_____

_____

_____

_____

Entonces Josué llamó a los doce hombres a los cuales él había designado de entre los hijos de Israel, uno de cada tribu. Y les dijo Josué: Pasad delante del arca de Jehová vuestro Dios a la mitad del Jordán, y cada uno de vosotros tome una piedra sobre su hombro, conforme al número de las tribus de los hijos de Israel, para que esto sea señal entre vosotros; y cuando vuestros hijos preguntaren a sus padres mañana, diciendo: ¿Qué significan estas piedras? les responderéis: Que las aguas del Jordán fueron divididas delante del arca del pacto de Jehová; cuando ella pasó el Jordán, las aguas del Jordán se dividieron; y estas piedras servirán de monumento conmemorativo a los hijos de Israel para siempre.

Josué 4:4-7

Celebración de la vida

Supongo que usted ya ha oído hablar de los "terribles dos", ese período que va desde cerca del año y medio, hasta los tres años de edad. Permítame hablarle de Robin, una niña de dos años. Ralph, su padre, sigue aún perplejo. Esta graciosa pequeña les causó a todos una impresión inolvidable en su pueblo.

Su rastro de desastres comienza en el baño. Alice, su gata, resultó remojada, ahogada y tirada por el desagüe. Unos pocos días después, Robin decidió darle un baño a su osito de peluche. Lo puso encima de la resistencia de la lavadora de platos. El oso salió de la aventura convertido en una criatura sin extremidades y requemada. Robin atacó entonces el refrigerador. Antes que saliera la familia en un viaje de fin de semana, metió unas letras magnéticas en las aperturas de ventilación, haciendo que se quemara el motor. Al día siguiente, su mamá la dejó dormida en el auto mientras ella entraba en la oficina de correos para echar una carta. Cuando salió, descubrió a Robin haciendo deslizar el auto hasta chocar con un árbol cercano.

Una semana más tarde, los papás de Robin estacionaron su auto con la mitad dentro del garaje después de salir de compras, porque tenían la intención de descargar los víveres. Robin estaba atada con su cinturón de seguridad al asiento del auto, y su mamá tenía las llaves. Mientras los padres estaban en la cocina, oyeron unos fuertes ruidos procedentes del garaje. Cuando salieron, se encontraron la puerta automática del garaje abriéndose y cerrándose sobre el techo del auto, con ya sabe usted quién dentro, empujando el botón del mando a distancia.

En sólo unas pocas semanas, los daños causados por Robin ascendieron a $2,296.37.

El padre de Robin le celebró el tercer cumpleaños por todo lo alto.

Gordon McDonald habla de un famoso biógrafo que mencionaba con frecuencia la huella que le había dejado una excursión de pesca especial que hizo con su padre. En ese viaje hablaron de la vida, la fe, el amor y los sueños. Fue el mejor de los días en la vida del jovencito. Después de morir el papá, un amigo descubrió lo que él había escrito en su diario acerca de aquel día tan especial. Sólo decía: "Salí a pescar con mi hijo. Día desperdiciado."

Los días de pesca nunca son días perdidos. Son celebraciones de la vida, aun cuando usted no lo sienta en el momento.

La escritora Ellen Goodman decía hace algunos años: "—No tenemos que lograr cosas para que nos acepte nuestra familia. Sólo tenemos que ser nosotros mismo. Nuestra condición de miembros no se basa en ninguna credencial, sino en el nacimiento."

En la familia es donde adquirimos ese sentir de que pertenecemos a un grupo humano. "No somos sólo grupitos de personas que viven en la misma casa", afirma Jim Dobson. "Somos una familia que está consciente de sus características únicas, de su personalidad, de su carácter y de su herencia." Celebre el formar parte de su familia. "Las familias que atesoran sus tradiciones y ritos —dice Dolores Curran—, parecen tener un sentido de familia automático. Las tradiciones familiares son las que las mantienen unidas, y no consideran esas tradiciones como adornos, sino como necesidades."

Celebramos nuestra familia a base de pasarnos momentos importantes de una generación a otra, de dar viajes juntos, o simplemente reunirnos, y de desarrollar nuestra colección exclusiva de ritos y tradiciones. En cierto sentido, las tradiciones nos obligan a celebrar el hecho de que somos familia.

Querido hijo:

Dedica algún tiempo al desarrollo de una serie de tradiciones familiares. Éstas te recordarán lo importante que es la familia; te ayudarán a descubrir quién eres. Las tradiciones nos dan algo que celebrar. Nos obligan a cambiar nuestros horarios y adaptar nuestras actividades. Nuestras tradiciones nos dan identidad, y la seguridad de que formamos parte de nuestra familia.

Así que, celebra los cumpleaños, el Día de acción de gracias, la Navidad, el día de los enamorados, los aniversarios, los momentos importantes, los logros, el que hayan desatascado el fregadero, el que alguien haya perdido un kilo de peso, y los días de fiesta pasados en el hogar. Las tradiciones no tienen por qué ser actividades formales y recargadas. Pueden ser experiencias improvisadas y nunca vistas. La clave está en la forma en que las celebremos.

Piensa en la posibilidad de añadir la oración a todas tus tradiciones familiares. Este sencillo acto va a centrar las actividades de la familia en Dios y te va a reafirmar en tu sitio de líder espiritual.

Pídeles a tus hijos que piensen en una nueva tradición para la familia, y que se lancen a celebrarla.

Con amor,
Papá

AMADO DIOS:

Ayúdame a encontrar formas de celebrar el hecho de que somos familia. Ayúdame a tomar la iniciativa en el desarrollo de tradiciones que me mantengan concentrado en ti. Y ayúdame a aprender a celebrar nuestros momentos importantes, nuestros viajes y tradiciones, de tal manera que se conviertan en gratos recuerdos para mis hijos. Ayúdame a incluirte a ti en todas nuestras celebraciones.

Ayuda a mis hijos a aprender qué es lo que de veras importa en la vida a través de esos momentos especiales nuestros. Y, Señor, ayúdame a saber cuándo es especial la excursión para ir a pescar, porque no quiero desperdiciar ni un solo día.

Señor, gracias por mis hijos.

En el nombre de Jesucristo. Amén.

1. ¿A qué me debo comprometer?

2. ¿Cómo debo actuar?

3. ¿Qué lección les puedo dar a mis hijos?

También dijo: Un hombre tenía dos hijos; y el menor de ellos dijo a su padre: Padre, dame la parte de los bienes que me corresponde; y les repartió los bienes. No muchos días después, juntándolo todo el hijo menor, se fue lejos a una provincia apartada; y allí desperdició sus bienes viviendo perdidamente. Y cuando todo lo hubo malgastado, vino una gran hambre en aquella provincia, y comenzó a faltarle. Y fue y se arrimó a uno de los ciudadanos de aquella tierra, el cual le envió a su hacienda para que apacentase cerdos. Y deseaba llenar su vientre de las algarrobas que comían los cerdos, pero nadie le daba. Y volviendo en sí, dijo: ¡Cuántos jornaleros en casa de mi padre tienen abundancia de pan, y yo aquí perezco de hambre! Me levantaré e iré a mi padre, y le diré: Padre, he pecado contra el cielo y contra ti. Ya no soy digno de ser llamado tu hijo; hazme como a uno de tus jornaleros. Y levantándose, vino a su padre. Y cuando aún estaba lejos, lo vio su padre, y fue movido a misericordia, y corrió, y se echó sobre su cuello, y le besó. Y el hijo le dijo: Padre, he pecado contra el cielo y contra ti, y ya no soy digno de ser llamado tu hijo. Pero el padre dijo a sus siervos: Sacad el mejor vestido, y vestidle; y poned un anillo en su mano, y calzado en sus pies. Y traed el becerro gordo y matadlo, y comamos y hagamos fiesta; porque este mi hijo muerto era, y ha revivido; se había perdido, y es hallado. Y comenzaron a regocijarse. Y su hijo mayor estaba en el campo; y cuando vino, y llegó cerca de la casa, oyó la música y las danzas; y llamando a uno de los criados, le preguntó qué era aquello. Él le dijo: Tu hermano ha venido; y tu padre ha hecho matar el becerro gordo, por haberle recibido bueno y sano. Entonces se enojó, y no quería entrar. Salió por tanto su padre, y le rogaba que entrase. Mas él, respondiendo, dijo al padre: He aquí, tantos años te sirvo, no habiéndote desobedecido jamás, y nunca me has dado ni un cabrito para gozarme con mis amigos. Pero cuando vino este tu hijo, que ha consumido tus bienes con rameras, has hecho matar para él el becerro gordo. Él entonces le dijo: Hijo, tú siempre estás conmigo, y todas mis cosas son tuyas. Mas era necesario hacer fiesta y regocijarnos, porque este tu hermano era muerto, y ha revivido; se había perdido, y es hallado.

Lucas 15:11-32

Contar cuentos para siempre

Día 27

A todos nos gustan los cuentos. Cuando los niños son pequeños, les encantan los relatos. De una manera especial les encantan los familiares y sencillos que aburren a sus padres. Entonces, en algún momento después de los cinco años, quieren historias con héroes, acción y peligro. Sí, y además, un final feliz.

Cuando los padres se dedican a leer y hacer cuentos, enseñan unas lecciones que van a durar toda una vida. Al leer o relatar cuentos, capturamos la atención, estimulamos la imaginación, definimos la personalidad, apoyamos la moral, probamos las conclusiones y edificamos la intimidad. No hay nada tan eficaz como los cuentos para alcanzar el corazón y la mente de un niño.

Leer o hacer cuentos no es una actividad opcional para los padres fuertes. Es un requisito previo. Dentro de cada padre hay un contador de cuentos con deseos de florecer, y sus hijos merecen que ese contador de cuentos sea liberado y llenado de energía.

Las siguientes sugerencias ayudarán a los padres a añadir calor e intimidad a los momentos en que hacen esos cuentos:

1. **Comience por leerles buenos cuentos a sus pequeños.** Leer el cuento no es tan eficaz como hacerlo, pero para la mayoría es una manera excelente de comenzar. A los pequeños les encantarán las historias familiares.

2. **Coleccione buenos libros de cuentos para niños.** Pídales recomendaciones a los bibliotecarios, los libreros y a otros padres. Esta colección de libros de cuentos se convertirá

159

en una posesión que atesorarán. Siga aumentándola a medida que crecen sus hijos.

3. **Láncese.** Intente hacer un cuento sin usar el libro. Si se enreda, su hijo lo podrá ayudar a salir del apuro. Lea el cuento varias veces, para aprender la secuencia de los sucesos. Después, cuéntelo. Evite aprender de memoria el relato. Si lo hace con sus propias palabras, podrá adaptarlo, y aprovecharse de los sucesos y las interrupciones inesperadas, como que el perro le salte a su regazo, o que otro niño quiera unírseles.

4. **Cuénteles a sus hijos relatos verídicos de su pasado, y otras historias de la familia.**

5. **Invente historias sobre alguna persona de su familia.** Recuerde que todos los relatos de la familia deben referirse a un héroe que vence una dificultad y regresa al amor y la protección del hogar. Al crear esta serie de historias, podría estar comenzando unas conversaciones acerca de temas íntimos y personales.

Los cuentos nos ayudan a comprender la vida y a darnos cuenta de cómo las piezas encajan entre sí. Si ayudar a sus hijos a comprender la vida es una de las metas de un padre, entonces hacer cuentos es la mejor manera de llegar a esa meta.

Querido hijo:

Recuerdo que mi abuela paterna era magnífica para hacer cuentos. Me encantaba ir a pasar las noches en su casa. No había televisión ni electricidad. Ella encendía una vela, y yo buscaba una almohada para sentarme sobre ella. Entonces comenzaba la aventura. La mayoría de los cuentos eran los mismos una y otra vez, pero me encantaban las voces que ella imitaba, y de cuando en cuando, inventaba algún cuento sobre mí, o sobre mi papá. Nunca olvidaré aquellas noches.

Mi papá hacía cuentos; la mayoría de ellos nos los hacía mientras pasábamos la noche despiertos pescando bagres. Sus cuentos eran de sus años de juventud. De cuando en cuando nos contaba una o dos historias de miedo. Me encantaban. En realidad, te he contado a ti algunas de ellas. ¿Recuerdas?

Comienza ahora mismo una colección de buenos cuentos. Mantén un archivo de ellos porque, aunque no lo creas, vas a olvidarte de los que no cuentes con mucha frecuencia. Aun en los tiempos de la televisión y las computadoras, a tus hijos les encantarán las historias de amor.

No te olvides de los relatos de la Biblia. Escoge cinco o seis de tus relatos bíblicos favoritos y léelos una y otra vez hasta que te los hayas aprendido. Entonces cuéntalos con tus propias palabras. No los leas; cuéntalos. Hay momentos para leer un relato, y hay momentos para hacerlo de viva voz.

Y, por favor, no caigas en la trampa de comprar algún juguete o grabadora que te sustituya y haga los cuentos por ti. Está bien tenerlos como una ayuda a lo que haces, pero no como un sustituto. Ellos no tienen tu piel, ni tus ojos, ni tus abrazos.

Con amor,
Papá

PADRE AMADO:

Libera el cuentista que llevo dentro. Ayúdame a hacerles a mis hijos los cuentos que a ellos les guste oír.

Ayúdame a leerles y hacerles a mis hijos unos cuentos que les enseñen acerca de tu amor, de tu gracia y de tu Hijo.

Ayúdame a hacerles relatos acerca de la fe y la valentía. Y ayúdalos a ellos a recordar los mensajes que hay comprendidos en esos relatos.

En el nombre de Jesucristo. Amén.

1. ¿A qué me debo comprometer?

2. ¿Cómo debo actuar?

3. ¿Qué lección les puedo dar a mis hijos?

Cuando alzó Jesús los ojos, y vio que había venido a él gran multitud, dijo a Felipe: ¿De dónde compraremos pan para que coman éstos? Pero esto decía para probarle; porque él sabía lo que había de hacer. Felipe le respondió: Doscientos denarios de pan no bastarían para que cada uno de ellos tomase un poco. Uno de sus discípulos, Andrés, hermano de Simón Pedro, le dijo: Aquí está un muchacho, que tiene cinco panes de cebada y dos pececillos; mas ¿qué es esto para tantos? Entonces Jesús dijo: Haced recostar la gente. Y había mucha hierba en aquel lugar; y se recostaron como en número de cinco mil varones. Y tomó Jesús aquellos panes, y habiendo dado gracias, los repartió entre los discípulos, y los discípulos entre los que estaban recostados; asimismo de los peces, cuanto querían. Y cuando se hubieron saciado, dijo a sus discípulos: Recoged los pedazos que sobraron, para que no se pierda nada. Recogieron, pues, y llenaron doce cestas de pedazos, que de los cinco panes de cebada sobraron a los que habían comido.

Juan 6:5-13

El recuerdo de las sorpresas

Si quiere hacer algo que sus hijos recuerden con toda seguridad durante mucho tiempo después que usted se haya marchado, intente hacer al azar unos cuantos actos de bondad. Podrá pensar que es una idea loca, pero quizá sorprender a sus hijos con un poco de locura sea exactamente el boleto de entrada para poderles enseñar algunos de los valores más importantes de la vida. En nuestra sociedad tan concentrada en sí misma, nos hacen falta métodos poco ortodoxos para captar la atención de nuestros jóvenes. ¿Qué sucedería si su hijo presenciara este incidente?

Digamos que usted es el gerente de una tienda local de artículos deportivos, y que una estrella muy joven de la pelota con grandes aspiraciones ha estado llegando por la tienda durante meses. Todos los días hace lo mismo: entra, camina derechamente hacia los artículos de pelota y se pone el guante más caro que hay en la tienda. Lo golpea con el puño un par de veces, y después lo pone con cuidado de nuevo en el estante. Mira el guante con añoranza, da media vuelta y se marcha. Con cada día que pasa, usted ve crecer el sueño de aquel muchacho.

Un día el jovencito llega con una caja de zapatos repleta de monedas de distintos valores. Derrama su contenido ante usted, y después de contarlo, ve que tiene exactamente $19.98. El joven soñador cree que ha llegado el gran día, el día en que se llevará el guante a casa, pero el guante cuesta $79.98, más impuestos.

Claro, usted se da cuenta de lo que pasa. En la etiqueta, el siete está tan mal escrito, que un niño de siete años lleno de sueños se puede imaginar que se trata de un uno. Usted contempla la sonrisa del jovencito, y vuelve a contar el dinero con mucho cuidado.

"Sí, $19.98 exactamente." Envuelve el guante y se lo da al muchacho.

¿Vale sesenta dólares un recuerdo así? ¿Qué huella dejaría aquello en su hijo?

Imagínese que usted y su hijo están desayunando juntos en un café de la localidad. La empleada les recoge el pedido, y ustedes comienzan a hablar acerca del día. Entonces, sin advertencia previa, usted le dice a su hijo: "¿Quieres divertirte un poco? Observa esto." Llama a la joven empleada y le habla de su plan. Le da veinte dólares y le dice que usted va a pagar las diez tazas de café siguientes. Su trabajo consiste en sonreír y decirles a las personas que un amigo generoso les ha pagado su taza de café.

Entonces ustedes se recuestan en su asiento para observar el rostro de las personas. Ven cómo miran a su alrededor, buscando alguien que conozcan. Ven que algunos mueven la cabeza, totalmente sorprendidos. Ven que algunos sonríen y dan las gracias. Ven que uno deja un dólar para otra persona.

¿Qué ve su hijo?

Habrán comenzado aquel día dejando una huella memorable en once personas.

Querido hijo:

Las sorpresas son fabricantes de recuerdos.

Haz que tus hijos te ayuden a sorprender a su mamá con una casa limpia, o una comida hecha en casa, o una sorpresa al estilo de "nosotros fregamos la vajilla después de la cena".

Planea celebrar una reunión estilo campamento en la sala de la casa. Hagan tiendas de campaña con mantas, consigan cosas para comer, asen salchichas en el fuego de la chimenea o de la cocina, hagan cuentos, acuéstense bien tarde y tomen fotografías.

Lleva a tus hijos a desayunar fuera, sólo por divertirse.

Consigue sacos plásticos de basura y limpien el vecindario; no sólo su patio, sino todo el vecindario.

Pásense una mañana limpiando los letreros pintados por los jovencitos en los bancos del parque. Siembren flores silvestres junto al camino. Practiquen algunas de las cosas emocionantes que se hacen en una excursión al aire libre.

Piensa en algo sorprendentemente increíble que puedan hacer, llévate a tu hijo contigo y hazlo experimentar el gozo de unos actos de bondad hechos al azar. Extiende el mensaje. Haz letreros para los parachoques del auto, y tarjetas de presentación. Las sorpresas, tanto las dirigidas a la familia, como las dirigidas a gente ajena a la familia, son contagiosas.

Con amor,
Papá

AMADO SEÑOR:

Algunas veces me olvido de que todos los milagros han sido sorpresas. Han sido unos actos de bondad inesperados los que han cambiado la vida de las personas. Ayúdame a estar más consciente de los momentos en los que yo puedo hacer lo mismo.

Dame sabiduría para saber qué hacer, y cuándo hacerlo. Ayuda a mis hijos a aprender de cada una de las sorpresas.

Señor, quiero que mis hijos sepan que los actos de bondad son sorpresas que las personas siempre agradecen, y es de esperar que repitan.

Gracias por ser un Dios de sorpresas.

En el nombre de Jesucristo. Amén.

1. ¿A qué me debo comprometer?

2. ¿Cómo debo actuar?

3. ¿Qué lección les puedo dar a mis hijos?

Pero sucedió que cuando venían los judíos que habitaban entre ellos, nos decían hasta diez veces: De todos los lugares de donde volviereis, ellos caerán sobre vosotros. Entonces por las partes bajas del lugar, detrás del muro, y en los sitios abiertos, puse al pueblo por familias, con sus espadas, con sus lanzas y con sus arcos. Después miré, y me levanté y dije a los nobles y a los oficiales, y al resto del pueblo: No temáis delante de ellos; acordaos del Señor, grande y temible, y pelead por vuestros hermanos, por vuestros hijos y por vuestras hijas, por vuestras mujeres y por vuestras casas. Y cuando oyeron nuestros enemigos que lo habíamos entendido, y que Dios había desbaratado el consejo de ellos, nos volvimos todos al muro, cada uno a su tarea. Desde aquel día la mitad de mis siervos trabajaba en la obra, y la otra mitad tenía lanzas, escudos, arcos y corazas; y detrás de ellos estaban los jefes de toda la casa de Judá.

Nehemías 4:12-16

Equilibrio en las tareas

¿Le parece familiar esta confusa situación? Tommy necesita cenar a las seis de la tarde porque hay una función de la escuela a las siete. A su hermana Joy hay que recogerla de su juego de volibol a las siete y cuarto. Ambos están enojados porque mamá tiene que asistir a una función de su oficina y no va a llegar a casa hasta las ocho y cuarto; por tanto, no hay cena ni vehículo. Se suponía que papá acudiría al rescate, pero hay un problema en la oficina de Chicago, de manera que tiene que tomar un vuelo para ir allá esta noche. Para complicar las cosas, mañana es el cumpleaños de abuela, y nadie se acordó de enviarle una tarjeta o un regalo. Tan pronto como papá llega a casa, descubre en el teléfono un mensaje de un viejo amigo que quiere pasar por la casa esa noche. También, una de las amigas de mamá le ha dejado un lloroso mensaje sobre su matrimonio, que se está deshaciendo. Las cuentas llevan mes y medio acumulándose en la "gaveta de las cuentas". Hace falta cortar el césped, los dos autos necesitan un cambio de aceite, y papá tiene la desagradable sensación de que se le ha olvidado algo realmente importante.

¿Ha pasado usted por esto? Se llama "vivir con el alma en vilo": todo se halla fuera de equilibrio.

Cuando nuestra vida se desequilibra, y nos concentramos en nuestra frustración y en las cosas que no están marchando bien, nos ponemos "enfermos por dentro", como solía decir mi abuela.

Lo lamentable es que, cuando muchos de nosotros nos ponemos "enfermos por dentro", reaccionamos con nuestros mismos métodos ineficaces de siempre, y esperamos que, de alguna forma, las cosas cambien. Eso es lo que yo solía hacer. Ahora estoy convencido de que actuar así equivale a ponerse al borde de la locura.

Los pasos siguientes me han ayudado a recuperar mi equilibrio, y también lo pueden ayudar a usted:

1. **Deténgase por un instante.** Cierre los ojos y respire profundamente cuatro veces.

2. **Pase un rato en oración.** Confiese que está listo para reaccionar de una forma excesiva. Confiese su frustración. Pídale a Dios que le ayude a recuperar su equilibrio y a crecer a partir de esta experiencia.

3. **Pregúntese:** ¿Qué necesito cambiar para tener unos resultados diferentes la próxima vez?

4. **Pregúntese:** ¿Qué le puedo enseñar a mi hijo acerca de la forma de devolverle el equilibrio a la vida cuando todo nos está "enfermando por dentro"?

5. **Confíe en Dios.** Él le indicará qué cambios hay que hacer. Pídale que le ayude a trabajar en esos cambios, uno a uno. Entonces confíe en Él, y no en su capacidad personal. Escriba su petición en una tarjeta, y mantenga esa tarjeta consigo todo el tiempo. Léala a diario.

Recuerde que Dios trabaja de acuerdo con su propio horario, y no con el de usted.

Querido hijo:

Para tus hijos, tú eres un gran hombre, tanto si logras el éxito económico, como si no lo logras. Tú le das forma a la manera en que ellos ven el mundo, los disciplinas, les enseñas lecciones objetivas, y les pasas legados espirituales y morales. Ése es el cuadro general.

Los detalles del cuadro están repletos de frustraciones, presiones, dudas y temores. Vivimos día tras día en esos detalles, con la esperanza de ver algún día el cuadro general.

Cuando llegué a darme cuenta de lo que necesitaba hacer para corregir mis errores como padre, ustedes ya habían crecido. Sencillamente, tanto tú como yo tendremos que aprender a cargar con las consecuencias. Estuve siempre tratando de rescatarte de los errores que yo había cometido, y sentía el extraño deseo de irte empujando a lo largo de tu niñez, como si hubiera algo malo en ser niño.

Quizá nos iría mejor a todos si dejáramos de lado las tensiones y disfrutáramos del lugar donde estamos en el momento. ¿Por qué es tan difícil hacer eso cuando se es adulto?

Aún necesito que Dios me ayude a quitar de mí mismo el foco de mi atención para ponerlo en Él. Sólo cuando ese foco se haya desprendido de mí, habré hallado el equilibrio.

Ésa es la verdadera bendición que recibimos los que pertenecemos a la familia de Dios. Él es un padre perfecto, tanto para ti como para mí.

Con amor,
Papá

AMADO DIOS:

Hay momentos en que siento que mi vida está desequilibrada por completo. Me parece como si me estuviera desequilibrando a cada momento. Simplemente es como si todo se descontrolara. Quizá necesite pasar más tiempo a solas contigo.

Señor, cuando se mezclen entre sí el trabajo, la familia, la iglesia, los deportes, y quién sabe qué más, ayúdame a aprender a retirarme de todo para ponerme en contacto contigo. Necesito el equilibrio que tú traes a mi vida.

Ayúdame también a enseñarles a mis hijos cómo se puede permanecer equilibrado.

Ayúdanos a todos a quitar de nosotros mismos el centro de nuestra atención, para ponerlo en ti.

En el nombre de Jesucristo. Amén.

1. ¿A qué me debo comprometer?

2. ¿Cómo debo actuar?

3. ¿Qué lección les puedo dar a mis hijos?

Porque: El que quiere amar la vida y ver días buenos, refrene su lengua de mal, y sus labios no hablen engaño; apártese del mal, y haga el bien; busque la paz, y sígala. Porque los ojos del Señor están sobre los justos, y sus oídos atentos a sus oraciones.

1 Pedro 3:10-12

El logro de la paz

Hay días en los que el tesoro más ilusorio de la vida es la paz. No estoy hablando acerca de la paz que es ausencia de conflictos. Estoy hablando de la paz mental de la persona a pesar de los conflictos. Creo que los padres pueden ser los pioneros en el esfuerzo por recuperar el sendero que conduce a la paz. De alguna forma, siempre habrá tensión entre la paz y el riesgo, la comodidad y la aventura, la lucha y la fe. Nuestra fe se verá siempre amenazada.

Cuando estaba en la universidad, participé en un proyecto que investigaba sobre lo que han descubierto los sociólogos acerca del desarrollo de la paz mental. Después de analizar docenas de estudios, resumimos nuestros descubrimientos en estos ocho factores destinados a alcanzar la paz mental:

1. **Líbrese de la suspicacia y del resentimiento.** Uno de los factores principales en la falta de felicidad es la alimentación de los resentimientos.

2. **No viva en el pasado.** La preocupación por los errores antiguos conduce al desaliento personal y a una depresión paralizante.

3. **Colabore con la vida.** No pierda su tiempo luchando con unas situaciones que no pueda cambiar.

4. **Oblíguese a permanecer participando en el mundo real.** Resista ante la tentación de replegarse a su propio mundo privado.

5. **Niéguese a complacerse en la autocompasión.** Nadie pasa por la vida sin tener alguna circunstancia poco afortunada en algún momento del camino.

6. **Cultive las virtudes que se suelen llamar "anticuadas".** El amor, el honor, la compasión, la lealtad y la integridad nunca pasan de moda.

7. **No espere demasiado de sí mismo.** Desarrolle unas metas realistas.

8. **Halle algo más grande que usted en lo que pueda creer.** Mantenga el foco central de su vida fuera de sí mismo.

Estos ocho factores son útiles y claros, pero la verdadera respuesta a la paz no se encuentra en toda la sabiduría colectiva de nuestros sociólogos. Está más allá de nosotros; está más allá de nuestra comprensión. Por mucho que tratemos de discurrir alguna forma social de fabricar la paz, Dios es su única fuente. Él saca paz de las cosas más extrañas, como las frustraciones momentáneas, los fracasos inesperados, la pérdida del rumbo, el dolor personal y los conflictos familiares.

Quizás el mayor de los dones que Dios tenga para darle a su pueblo, y su pueblo no ha reclamado, es la paz mental. Él la proporciona de formas inesperadas. Nos sorprende en momentos imprevistos. Toma los momentos cotidianos de nuestra vida y los convierte en recuerdos. Toma lo común y corriente, y lo transforma en lo extraordinario. Toma también nuestras inseguridades y temores y nos da la paz.

Nosotros le entregamos nuestras esperanzas y sueños, nuestros hijos, nuestro matrimonio, y Él nos da razón de ser y gracia, y nos concede unos deseos de nuestro corazón en los que aún no hemos ni pensado.

Asegúrese de que su familia conozca al Dios de la paz; a nuestro Padre Dios.

Querido hijo:

Conozco a un padre que no puede descansar cuando hay presiones. Convierte su familia en un proyecto que él debe manejar. Toma la autoridad, da órdenes y resuelve problemas, tanto si hay quien quiere que lo haga, como si no. Aún tiene que descubrir la paz que sobrepasa todo entendimiento, aunque es capaz de citar ese versículo de memoria.

Le pido al Señor que aprendas a usar los tiempos de presión para relacionarte con tus hijos y manejarte a ti mismo. Al fin y al cabo es posible que estemos en nuestros mejores momentos mientras jugamos a la pelota o escuchamos sus sueños. Cuando veas amenazada tu paz, es el momento de concentrarte en Dios. Aléjate; vete a un parque, a una colina, a un rincón silencioso y ora.

Sigue concentrando tu atención fuera de ti mismo. Haz algo especial con tus hijos. Mañana ya habrán crecido. Ve a pescar, juega a la pelota, da caminatas o toma con ellos un sendero del bosque. Prueba a acampar o a hacer un viaje de un par de días. Hagas lo que hagas, no resuelvas problema ninguno. No trates de conseguir más información. Sólo conversa mucho de todos los temas que vayan apareciendo. Ah, y toma muchas fotografías. Si te pierdes dentro de esos momentos, te será más fácil enfocar de nuevo tus prioridades y recuperar el don divino de la paz. ¿Te parece misterioso? Lo es.

Algunos de mis mejores recuerdos de tu niñez comenzaron como amenazas a mi paz mental y terminaron como momentos pasados en el suelo jugando, leyendo un libro, o solamente riéndonos juntos.

¿Qué me dices de ti?

Con amor,
Papá

PADRE AMADO:

Quiero poner mi familia en tus manos. Quiero que te sirvamos, te adoremos y ayudemos a otros a encontrarte. Y quiero esa paz que es un don tuyo; la paz que está más allá de toda explicación y comprensión.

Señor, necesito paz ahora mismo en muchos aspectos de mi vida. Ayúdame a considerar todas las experiencias de mi vida como oportunidades para reclamar esa paz que es don tuyo.

Señor, perdona el que lo dirija todo hacia mí mismo. Perdona el que confíe en mi propia persona. Perdona el que me haya concentrado en mí mismo. Dame una visión que vaya más allá de mi persona, y ayúdame a pasarles esa visión a los miembros de mi familia.

Ayuda a mis hijos a aprender a reclamar tu paz desde una edad temprana.

Y, Señor, ayúdanos a vivir nuestros días uno a uno.

En el nombre de Jesucristo. Amén.

1. ¿A qué me debo comprometer?

2. ¿Cómo debo actuar?

3. ¿Qué lección les puedo dar a mis hijos?